TRAININGSPROGRAMM DEUTSCH OBERSTUFE

Heft 1

Von der Rechtschreibung zum sicheren Ausdruck

Herausgegeben
von Heinrich Biermann und Bernd Schurf
in Zusammenarbeit mit
Hans-Joachim Helmich, Bernd Kersting
und Georg Vitz

Cornelsen

Inhalt

Ä = Änderungen nach der Rechtschreibreform, Vgl. S. 76 ff.

Rot ist die Farbe der Liebe?

Dass Rot die Farbe der Liebe sei, können wohl nur diejenigen behaupten, die nichts mehr mit Klassenarbeiten oder Klausuren zu tun haben. Denn das blutige Gemetzel, das die Korrekturtinte der Lehrer oder Lehrerinnen bisweilen auf Klausurbögen und an Hefträndern anrichtet, kann mit Recht allergisch machen, besonders wenn sich zu unguter Letzt dann noch die zermürbende Schlussbemerkung findet: „...Häufige Verstöße gegen Orthografie, Zeichensetzungsregeln und Grammatik schmälern das ansonsten befriedigende Arbeitsergebnis um eine Note!"
Wir wollen hier niemandem versprechen, dass er nach Abschluss unserer „Trainingsprogramme" demnächst nur noch Liebesbriefe von seinen Lehrern bekommt. Aber schon mit drei oder vier Faustregeln wird es jedem, über den sich normalerweise die Flut von „Z" und „R" ergießt, leicht gelingen, diese ärgerliche Vergeudung von roter Tinte zu stoppen.

Dem oder den Dativ lieben?

Völlige Sprachrichtigkeit zu erreichen, das gelingt wohl keinem. Wir, die Verfasser dieser Trainingsprogramme, gestehen ohne Scham, dass wir selbst oft in schwierigen Fällen nachschlagen müssen. Kann man überhaupt die Grammatik lieben? Etwa den Konjunktiv in der indirekten Rede? Oder die Reflexivpronomen?
Wir wissen aber, dass sich mit etwas Training viele Fehler vermeiden lassen und dass man immer noch allerorts mit Sprachrichtigkeit einen guten Eindruck erweckt. Worauf wir vertrauen, sind die Diagnose der Hauptfehlerquellen und Übung und Anschaulichkeit.

Marmor, Stein und Eisen bricht

„Marmor, Stein und Eisen..." Dieser Schlager aus den Sechzigerjahren ist ein Evergreen geworden. Da macht es nichts, dass die Stilmittel recht traditionell sind (Ist „Marmor" etwas anderes als ein „[Ge-]Stein"?) oder dass die Satzgrammatik ein bisschen zweifelhaft ist („Marmor, Stein und Eisen <u>brechen</u>..."). Der Schlagertexter schrieb sicher nicht mit Blick auf seine Deutschlehrer; ihm waren Einprägsamkeit und Anschaulichkeit wichtiger.
Unsere Trainingsprogramme wollen Ihnen gezielte Hilfen zur Fehlerreduzierung anbieten, und dies auch möglichst augenfällig und einprägsam. Auf Doppelseiten wird mit Schaubildern und Modellen jeweils ein besonders „harter Brocken" griffbereit gemacht – dazu Problemklärung, Faustregeln und Übungen. Sie können Ihr Training dort beginnen, wo es Ihnen beliebt. Auch das Tempo bestimmen Sie selber.
Probieren Sie's.

Bald wird nur noch geküsst

Die Rechtschreibreform 1996 hat den „Kuß" in seiner bisherigen Form abserviert. Stattdessen darf man nun zwischen Spaghetti und Spagetti wählen. Und natürlich darf weiterhin kräftig *geküsst* werden, jetzt freilich mit Doppel-s.
Die Neuregelung der deutschen Orthografie bringt in vielen Fällen Vereinfachungen. So werden beispielsweise numerieren/plazieren jetzt zu nummerieren/platzieren und das hier vor dem „und" fehlende Komma zählt nicht mehr als Fehler. Außerdem gilt für alle, die nicht von Amts wegen ab Mitte 1998 schon nach den neuen Regeln schreiben, eine Übergangszeit bis ins Jahr 2005 und so lange können Sie zwischen Kuss und Kuß frei wählen. Viele Änderungen sind Erleichterungsvorschläge. Man darf sie benutzen, kann aber auch – alternativ – beim Alten bleiben.
Selbstverständlich verwenden wir im Trainingsheft die neuen Schreibweisen. Eine Übersicht über die Neuerungen finden Sie auf der ersten Innenseite des Hefteinbandes.
Überall, wo Sie auf den Kopfleisten der Doppelseiten den Hinweis [Ä] (= Änderung) finden, erhalten Sie nähere Erläuterungen auf den Seiten 76–79 unter der entsprechenden Nummer.

Methode „Känguru"

Sie werden selber am besten wissen, wo Ihr Trainingsbedarf liegt. Machen Sie's also wie das australische Wappentier (das sich bisher Känguruh schrieb). Hüpfen Sie zwischen den einzelnen Trainingskapiteln hin und her, springen Sie vor oder zurück, in einem Rutsch oder mit Verschnaufpausen.
Unsere Empfehlung: Beginnen Sie mit der Eigendiagnose (Seite 6 f.) und trainieren Sie als Grundlage die „Minimalgrammatik" (Seite 8–21), falls Sie dort Nachholbedarf haben.

Das Doppelseitenprinzip

Unsere Trainingsprogramme haben in der Regel ein durchgängiges Muster. So können Sie sich stets gut zurechtfinden. Die Beschreibung des jeweiligen Sachproblems wird immer von einem Schaubild begleitet, das das Problem gezielt visualisiert. Dann folgt eine erste Übung. In den beiden Randspalten finden sich gewöhnlich weitere Problemklärungen, Tipps und Regeln. Weitere Übungen lassen Sie das Trainierte ausprobieren.
Die Ergebnisse der Übungsaufgaben stehen im eingelegten Lösungsheft.

Die Fehlerzahl senken (Ä 1 – Ä 8)

...in 20 Minuten

Zwanzig Minuten kosten nicht die Welt. Schauen Sie also einmal auf die Uhr und kontrollieren Sie die Dauer Ihrer „Trainingssitzung“. Wir meinen, dass man die Übungen auf dieser Doppelseite in etwa 20 Minuten hinter sich bringen kann.
Die nachfolgenden Programmeinheiten sind ähnlich kalkuliert: 20 bis 30 Minuten, mal mehr, mal weniger, je nach Schwierigkeitsgrad oder Umfang der Tipps und Zusatzerläuterungen. Wenn Ihnen eine Doppelseite auf den „ersten Biss“ hin zu vielfältig erscheint, dann sollten Sie das Training dort in mehrere kleine Portionen einteilen.

Tipps und Kniffe

Von Prüfungskandidaten, aber auch von manchen Managern kann man zusätzliche Zeitspartipps erhalten: Nehmen Sie sich Ihr Trainingsbuch bei Bus- oder Straßenbahnfahrten, in Wartepausen und in Springstunden vor.
Schreiben Sie sich Regeln heraus, bei denen Sie Ihrer Meinung nach besonders häufig Schwierigkeiten haben. Das Schreiben mit der Hand ist ein zusätzlicher Merk- und Einprägeprozess. Kopieren Sie sich Seiten, die Sie für wichtig halten. Wie wäre es z. B. mit der Liste „Häufig falsch geschriebene Wörter“ auf Seite 40 f.? Hängen Sie diese Blätter in Ihr Zimmer, neben den Badezimmerspiegel usw.

Hatten Sie mit dieser Eingangsübung mehr Schwierigkeiten als erwartet? Dann können Sie sich diese Doppelseite ja später noch einmal vornehmen. Radieren Sie Ihre Bleistiftnotizen aus und probieren Sie’s ein zweites Mal. Gehen Sie den Weg über die Faustregeln (nächste Seite oben). Diese drei Faustregeln kosten fünf bis sechs Minuten pro Tag; das geht so zwischendurch. Nach fünf bis sechs Tagen sitzen die Regeln.

Erfahrungsgemäß werden in den Bereichen „Großschreibung bei Substantivierung“, „das oder dass“ und „Kommasetzung bei eingeschobenen Nebensätzen“ die meisten Fehler gemacht. Wenn auch Sie in diesen Bereichen schwach sind, dann können Sie Ihre Gesamtfehlerzahl um 50 bis 60 Prozent senken, wenn Sie Ihre Texte an diesen Stellen überprüfen.

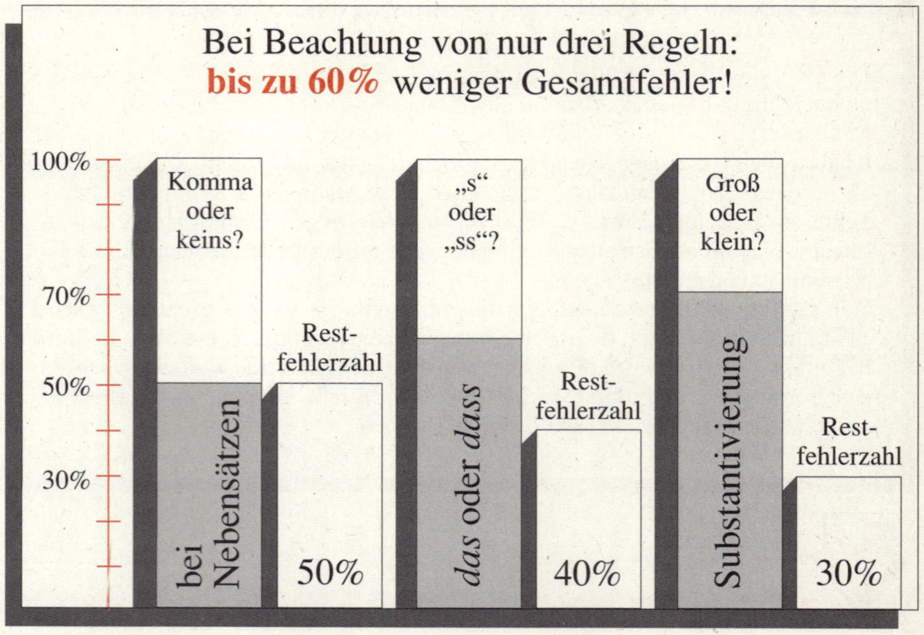

ÜBUNG 1

Der folgende Text enthält unsere drei klassischen Fehler. Ihre Testaufgabe ist es, die Fehlerstellen mit Hilfe der Korrekturzeichen am Rand zu erkennen.
(R = Rechtschreibung, Z = Zeichensetzung)
Streichen Sie die Regelverstöße an (weicher Bleistift).
Fragen Sie sich zusätzlich, welche Regel jeweils übersehen wurde.

DIE FARBE DER LIEBE IST ROT?

Dass stimmt auf keinen Fall für den, der mit zittern und Bauchschmerzen R R
ans schreiben von Klassenarbeiten und Klausuren denkt. Aber auch dann R Z
wenn Lehrkräfte stattdessen mit grün oder violett korrigierten würde das R R Z
in der Sache auch nichts ändern. Das rote selbst ist ja nicht das schlimme. R R
Denn oft schreiben Lehrer auch wo sie in Arbeiten etwas besonders Z
lobenswertes entdecken mit roter Tinte an den Rand, das dies oder das R Z R
ein gelungenes Ergebnis ist.

Natürlich ist es manchmal zum verzweifeln, wenn jemand, dem das R
diskutieren, erörtern und interpretieren leicht fällt unter seinen Arbeiten R R R Z
ständig die Feststellung antrifft, das die Gesamtnote wegen „Mängel am R
Sprachlichen“ herabgesetzt werden musste.

Vielleicht denkt mancher, dass einfachste wäre das benutzen eines R R R
Schreibcomputers. Blitzschnell hätte die Software alles fehlerhafte er- R
kannt und durch das richtige ersetzt. Aber in vielen Situationen, dass dür- R R
fen wir wohl annehmen wird man am schreiben mit der Hand nicht vor- Z R
beikommen. Das gilt für Klassenarbeiten genauso wie für Karten, die
man aus dem Urlaub schreibt und frisch verliebte werden wohl auch in Z R
Zukunft ihre Liebesbriefe nicht per Laptop abfassen.

Faustregeln

1. Substantive/Nomen werden immer großgeschrieben.
Das gilt auch für Adjektive oder Infinitive oder Partizipien, die als Substantiv verwendet werden.
Dies erkennt man daran, dass vor diesen *substantivierten* Wörtern ein Artikel bzw. ein Pronomen (*dieser, mein, etwas, alle, kein …*) steht oder dass man – probeweise – einen Artikel davorsetzen kann.

Beispiele:

Sie las etwas Aufregendes.
Sie spürte ein Kribbeln.
Das Gute siegte.

2. *Das* (als Relativ- oder Demonstrativpronomen) kann probeweise durch die Wörter *dieses/jenes/welches* ersetzt werden.
Bei *dass* (als Konjunktion) ist dies nicht möglich.

Guck, das Baby lacht.
Das Baby, das lacht...
Dass das lacht, das ist gut.

3. Eingeschobene Nebensätze werden am Anfang und am Ende vom Hauptsatz getrennt.
Am Beginn eines Nebensatzes steht gewöhnlich eine Konjunktion oder ein Relativpronomen.
Beim betonten Lesen kann man am Anfang wie am Ende von eingeschobenen Nebensätzen eine merkliche Pause machen.

Mein Freund kam, obwohl es regnete, zu mir.
Immer dann, wenn es ums Geld geht, entsteht Streit.

ÜBUNG 2

Dieser zweite Trainingstext weist die gleichen Fehler auf wie der Text auf der vorigen Seite. Allerdings fehlen hier die Korrekturzeichen am Rand.
Sie sollen nun einmal selbst – nach „Lehrermanier" – die Fehler im Text anstreichen und die Fehlerart (Z R) am Zeilenrand markieren.

Beim erklären von Rechtschreib- und Zeichensetzungsregeln kommen wir, wenn die Sache perfekt gemacht werden soll leider nicht um das verwenden wichtiger grammatischer Fachbegriffe herum. Was diese Begriffe bedeuten, dass erklärt Ihnen unsere „Minimalgrammatik" auf den Seiten 8–21.
Viele Schüler stöhnen obwohl sie sich im Fach Deutsch und auch beim lernen von Fremdsprachen immer wieder mit Grammatik beschäftigt haben über dieses „Fach-Chinesisch" der Linguisten. Aber wir denken, dass ist nicht das schwierigste auf der Welt. Denn es gibt nur etwa zehn verschiedene Wortarten im deutschen und die Satzgrammatik, wie kompliziert sie manchem auch erscheint ist nichts aufregendes.
Das so viele vor der Grammatik fast zu tode erschrecken, liegt unserer Meinung daran, das den meisten niemals das System im knappen Überblick erklärt worden ist. Und möglicherweise kommt das verwirrende oft auch daher, dass beim erlernen von Regeln das grundsätzlich wichtige unter einem Berg von Ausnahmeregeln verschüttet und der Kern des Sachproblems nicht deutlich sichtbar vor augen geführt wird: Wir wollen Ihnen dadurch, das wir bei unseren Trainings immer auch mit Grafiken arbeiten das scheinbar unübersichtliche anschaulich und einprägsam machen.

Ach herrje! Partizip, Relativpronomen, Demonstrativpronomen...

Da haben wir's! Schon bei den einfachen Regelhilfen kommen wir nicht ohne die Fachbegriffe der Grammatik aus. Sind Sie in allen Fällen sicher, was mit diesen Termini gemeint ist? Auf den Seiten 8 und 9 finden Sie eine Übersicht über die Bezeichnungen der Wortarten und Satzglieder. In der nachfolgenden Minimalgrammatik werden die entsprechenden grammatischen Phänomene dann noch genauer erklärt.

Die Lösungen zu den Übungen…

finden Sie im Lösungsheft, das ins Trainingsbuch eingelegt ist. Es dient zur Kontrolle Ihrer Übungsergebnisse. Wer bei einer Übung nicht weiterkommt, kann sich durch das Lösungsheft natürlich die Lösungen, d. h. die Lösungsrichtung, vorweg geben lassen. Schließlich darf man ja mit jeder Übung ein zweites und drittes Mal trainieren – mal mit offenem Lösungsheft, danach „blind".

Aus einer Klausur über Franz Kafkas Parabel „Gibs auf!"

St	Der vorliegende Text von Franz Kafka
Z, Gr., Z	„Gibs auf!" erzählt von einen Mann,
R, T	der morgendls zum Bahnhof ging. (geht)
	Als er zur Uhr sieht, wird er
W, T, Z	plötzlich flatterig. (unsicher) Er meinte, dass er
Wdh	sich jetzt sehr beeilen muss. Er
W	hat nicht mehr den Durchblick (Über-)
R	und er kennt seinen Weg nicht
R, T	mehr. Ausserdem kannte (kennt) er sich
	in dieser Stadt noch nicht gut aus.
R	Glücklicher weise sieht er einen
R, Z	Schutzmann den er nach dem
T, W	Weg fragte. Der grinst (lächelt) aber nur
Z	und sagt ihm: „Gibs auf!"
[–]	[Irgendwie] lacht der Polizist dann.
R, W	Kaffka hat hier wieder mal (ein-) eine
Sa: Kafka war kein „Impressionist" ...	typische Horror-Story erzählt, wie das
	ja bei den Impressionisten
	üblich war.

ÜBUNG 1

Lassen Sie sich durch diese Häufung von Fehlern nicht entmutigen – analysieren Sie die Fehler mit Hilfe des folgenden Diagnosebogens, wobei die dort angegebenen Korrekturzeichen von den Lehrerinnen und Lehrern oft variiert werden. Fragen Sie nach!
Tragen Sie einfach die Anzahl der obigen Fehler in die entsprechende Spalte (Übungsklausur) ein. Sie können dann recht einfach die Fehlerschwerpunkte erkennen. Verwenden Sie den Analysebogen auch für Ihre eigenen Klausuren und arbeiten Sie mit diesem Trainingsprogramm an den diagnostizierten Fehlerschwerpunkten (z. B. Z, R, A usw.).
Welches sind z. B. die Fehlerschwerpunkte der obigen Klausurseite und wo sollte deren Verfasser/in in diesem Heft weiterarbeiten?

Diagnosebogen zur Fehleranalyse in Deutschklausuren

Fehlerart	Korrekturzeichen	Übungsklausur	1. Klausur	2. Klausur	3. Klausur
Leistungsbereich: Verstehensleistung					
sachliche Fehler	Sa				
Denkfehler (betr. Gegenstand, Textanalyse, Interpretation)	D unklar, Logik usw.				
Leistungsbereich: Darstellungsleistung					
1. Sprachliche Richtigkeitsnormen (syntaktisch-grammatischer Bereich)					
Tempus (Zeit)	T				
Modus (Aussageart: Indikativ, Konjunktiv)	M				
Beziehung	Bz				
Satzbau	Sb				
Wortstellung	St				
Grammatik (außer T, M, Bz, Sb, z. B. Kasus = Fall)	Gr				
2. Bereich der Verschriftlichung					
Rechtschreibung	R				
Zeichensetzung	Z				
3. Sprachliche Angemessenheitsnormen (semantischer Bereich)					
Ausdruck	A				
Wiederholung	Wdh				
Wortwahl	W				
unnötige Füllwörter	[-]				
4. Angemessenheit der Textstruktur (Aufbau, Gliederung)					
Denkfehler (Gliederung, Aufbau)	D				
fehlender Absatz	Γ				

Summe der Fehler:				
Summe der Seiten:	1			
Fehler pro Seite:				
Note:	______			

Überblick: Wortarten und Satzglieder

Die Wortarten

Jedes Wort unseres Sprachschatzes (ca. 350 000 Wörter) gehört einer bestimmten Gruppe von Wörtern gleicher Art an, die man als Wortart bezeichnet. Die Einteilung der Wörter in Wortarten ist nicht bei allen Grammatikern gleich, nicht einmal die Zahl der verschiedenen Wortarten ist immer dieselbe. Die Einteilung der Wortarten in diesem Trainingsprogramm entspricht einem allgemeinen Standard an den meisten Schulen, in denen Rücksicht auch auf Fremdsprachen genommen werden muss.
Die Einteilung berücksichtigt im Wesentlichen drei Prinzipien:
1. Bedeutung,
2. Form und
3. Verwendung im Satz.

1. Die deutschen Bezeichnungen wie etwa *Tätigkeitswort, Eigenschaftswort* oder das altertümliche *Dingwort* (Substantiv) weisen darauf hin, dass die Wortarten einen bestimmten Bedeutungsgehalt vertreten. Das semantische (bedeutungsmäßige) Einteilungsprinzip ist allerdings umstritten, weil es nicht zu einer trennscharfen Abgrenzung führt. Von ein und demselben Wortstamm können unterschiedliche Wortarten abgeleitet werden: z. B. *Leser* (Substantiv) – *lesen* (Verb) – *leserlich* (Adjektiv).

2. Unter dem Gesichtspunkt der Form können Wörter in flektierbare und nicht flektierbare eingeteilt werden, die flektierbaren wiederum in
a) konjugierbare (Verben) und
b) deklinierbare (Substantive, Adjektive usw.).
Die nicht flektierbaren Wörter werden *Partikeln* genannt.

3. Einige Wortarten befinden sich schwerpunktmäßig an bestimmten Positionen des Satzes und legen deren Einordnung im Satz fest.

(Vgl. Übungen 1 und 2 zum Kap. Die Pronomen und Partikeln, S. 19.)

flektierbar (veränderlich)					
Konjugation	Deklination				
Verb (Zeit-/Tätigkeitswort)	**Substantiv/ Nomen** (Hauptwort)	**Adjektiv** (Eigenschaftswort)	**Numerale** (Zahlwort)	**Artikel** (Geschlechtswort)	**Pronomen*** (Fürwort)
lesen gehen werden sein wollen	Buch Bedeutung Computer Karin	groß rot lieblich bedeutsam	zwei dritte	der, die das ein, eine	ich, du sie mein, dein, sein dieser, jener der, welcher man, jeder wer, was
Hauptwortarten 90% des Gesamtwortschatzes				Begleiter und Stellvertreter des Substantivs	

*Die Pronomen lassen sich noch einteilen in:

Personalpronomen:
(persönliches Fürwort)
ich, meiner, mir, mich, wir, unser, uns, uns usw.

Possessivpronomen:
(besitzanzeigendes Fürwort)
mein, dein, sein usw.

Demonstrativpronomen:
(hinweisendes Fürwort)
dieser, jener, der usw.

Relativpronomen:
(bezügliches Fürwort)
der, die, das, welcher, welche, welches usw.

Interrogativpronomen:
(Fragefürwort)
wer, was, welcher usw.

Reflexivpronomen:
(rückbezügliches Fürwort)
mich, dich, sich usw.

Indefinitpronomen:
(unbestimmtes Fürwort)
niemand, manche, usw.

nicht flektierbar (unveränderlich)			
Adverb (Umstandswort)	**Präposition** (Verhältniswort)	**Konjunktion** (Bindewort)	**Interjektion** (Ausrufewort)
dort, heute gern, sehr hoffentlich nicht	an, auf, in vor, nach während wegen, ohne	und, aber, denn als, dass, weil	Ach! Oh! Au! Bitte?
Partikeln			

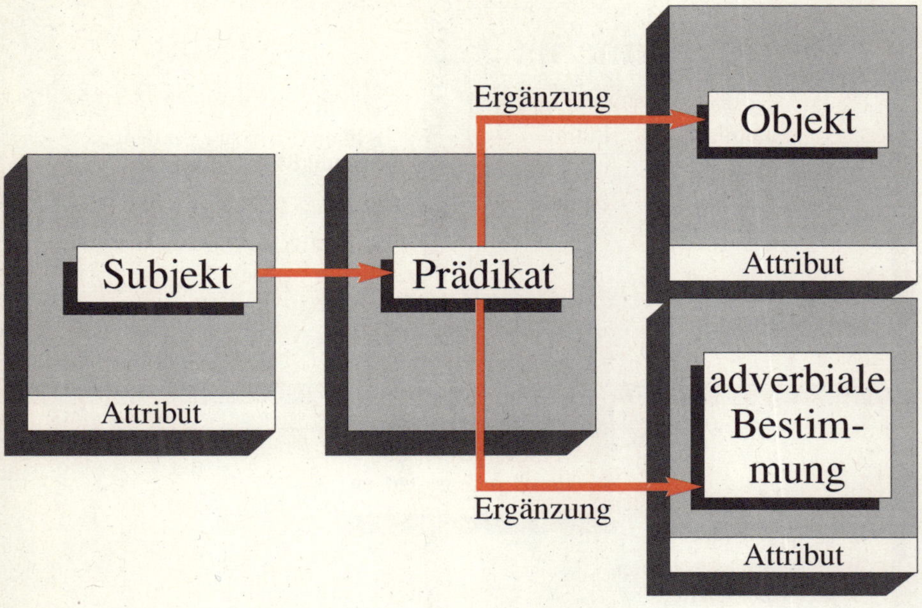

Die Satzglieder

Die Grundbausteine eines Satzes sind die Satzglieder und die Attribute. Als Satzglieder gelten das Subjekt, die Objekte und die adverbialen Bestimmungen, ebenfalls das Prädikat, dessen Ergänzungen Objekte und adverbiale Bestimmungen sind. Die Attribute sind nichtselbstständige Teile, die einem Satzglied beigefügt sind und es näher bestimmen. Was schon für die Wortarten galt, gilt auch für die Satzglieder: Es gibt bei unterschiedlichen Grammatikern unterschiedliche Einteilungen.

Das **Subjekt** (Satzgegenstand) drückt aus, wer oder was etwas tut, was geschieht oder ist. Es ist somit Handelnder oder Geschehnisträger, es steht im Nominativ (1. Fall) und man stellt die Frage nach ihm mit *wer oder was*.

Das **Prädikat** (Satzaussage) drückt aus, was ist, geschieht oder getan wird, es ist ein- *(er liest das Buch)* oder mehrgliedrig *(er wird es wohl gelesen haben)*. Im normalen Aussagesatz steht es in der Regel an zweiter Stelle, hat also eine gewisse Achsenstellung im Satz.

Das **Prädikativ** (Gleichsetzungsergänzung) ist eine Ergänzung zu den Verben *sein, werden, bleiben* u. a. Es setzt etwas (im Allgemeinen das Subjekt) mit etwas anderem gleich.

Die **Objekte** sind Ergänzungen zum Prädikat und drücken aus, worauf die Handlung zielt, wem sie zugedacht wird usw.

Das **Akkusativobjekt** (Ergänzung im 4. Fall) drückt aus, wen oder was eine Handlung in direkter Weise betrifft.

Das **Dativobjekt** (Ergänzung im 3. Fall) drückt aus, wem etwas gilt, gleicht oder zugedacht ist.

Das **Genitivobjekt** (Ergänzung im 2. Fall) kommt in der gesprochenen Sprache kaum mehr vor, es steht nur nach wenigen Verben wie *erinnern, gedenken, harren (er harrt meiner), bedürfen* und wird heute meist durch ein **Präpositionalobjekt** ersetzt. Also statt: *Er erinnert sich meiner. Er erinnert sich an mich.* Das Präpositionalobjekt ist manchmal nur schwer von der adverbialen Bestimmung zu unterscheiden.

(Vgl. Kap. Das Substantiv/Nomen, S. 16 f.)

Objekt (Satzergänzung)

Akkusativobjekt:	Sie liebt das Meer. *(Wen oder was?)*
Dativobjekt:	Sie traut dem Frieden nicht. *(Wem?)*
Genitivobjekt:	Sie erinnert sich des Vorfalls. *(Wessen?)*
Präpositionales Objekt:	Sie wartet auf den Zug. *(Auf wen oder was?)*

Adverbiale Bestimmung (Umstandsbestimmung)

Ort, Raum:	Er wohnt in Köln. *(Wo, wohin, woher?)*
Zeit:	Er lebte im 19. Jahrhundert. *(Wann?)*
Art und Weise:	Er redet umständlich. *(Wie?)*
Grund und Ursache:	Er stiehlt aus Not. *(Warum?)*

Prädikativ oder Prädikatsnomen

Gleichsetzungsnominativ:	Es ist mein Kind.
Prädikatives Adjektiv:	Er ist pfiffig.

Attribut (Beifügung)

Adjektiv als Attribut:	das temperamentvolle Mädchen
Adverb als Attribut:	das Mädchen dort
Genitivattribut:	der Süden Europas
Präpositionales Attribut:	die Schmerzen im Rücken
Partizip (I oder II) **als Attribut:**	der lesende Jüngling, das gelesene Buch
Apposition:	Katharina die Große

Formen des Verbs

Nicht verwechseln!

Verb = Wortart,
Prädikat = Satzteil!

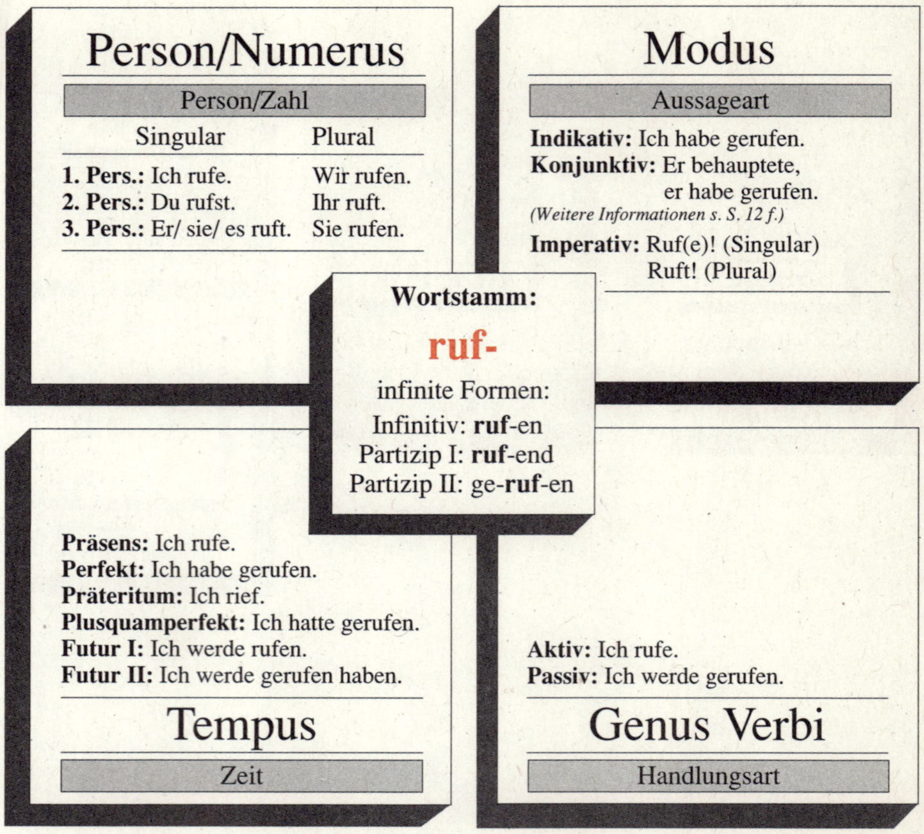

Das Verb

Das Verb gehört zu den flektierbaren (veränderbaren) Wortarten. Mit ihm kann man am meisten „machen".

Man kann es **konjugieren** (beugen), d. h. in verschiedene
- Personen,
- Zahlen (Numeri),
- Zeiten (Tempora),
- Handlungsarten (Genera Verbi),
- Aussagearten (Modi)

setzen.

Dabei ist zwischen der **starken Konjugation** (Veränderung des Stammvokals: *singen – sang – gesungen*) und der **schwachen Konjugation** (*reden – redete – geredet*) zu unterscheiden.

Flektierte Verbformen werden auch **finite** Formen genannt.

Hinzu kommen die **infiniten** (unveränderbaren) Formen des Verbs:
der **Infinitiv:** singen,
das **Partizip I:** singend,
und **Partizip II:** gesungen.

Schließlich gibt es noch unterschiedliche Leistungen des Verbs:

Vollverben, die allein stehen können (z. B. *schlafen*),

Verben, die ein weiteres Verb „zur Hilfe" benötigen:

die **Hilfsverben** (*haben, sein* und *werden*, z. B.: *Ich werde singen*), die u. a. für die Bildung der Zeiten benötigt werden,

die **Modalverben** (*dürfen, können, mögen, müssen, sollen* und *werden*, z. B.: *Ich werde krank*),

die **modifizierenden Verben** (z. B. *scheinen: Er scheint die Wahrheit zu sagen*).

Das Verb hat im Deutschen eine zentrale Bedeutung: Es wird für jeden vollständigen Satz benötigt und bestimmt auch, wie viele Objekte ein vollständiger Satz haben kann und in welchem Kasus (Fall) diese stehen müssen.

Nehmen Sie z. B. das Verb „bringen":

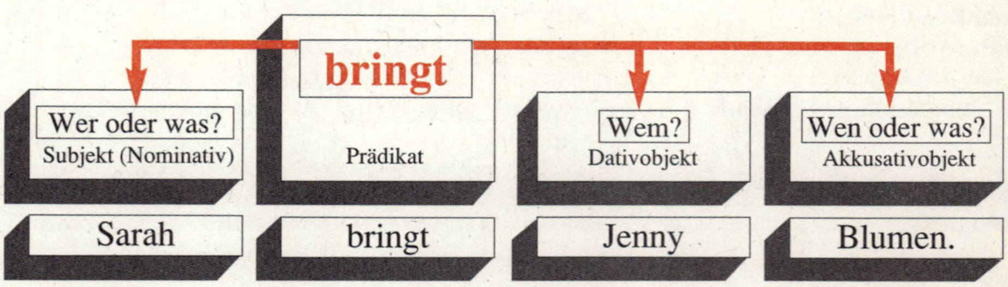

„Bringen" ist ein transitives Verb, d. h., es erfordert mindestens ein Akkusativobjekt: *Wer bringt... wen oder was?*

Je nach Sinnzusammenhang *kann* das Dativobjekt ausgelassen werden: *Er wird (seinem Freund) das Geld bringen.*

Oder das Verb „sterben":

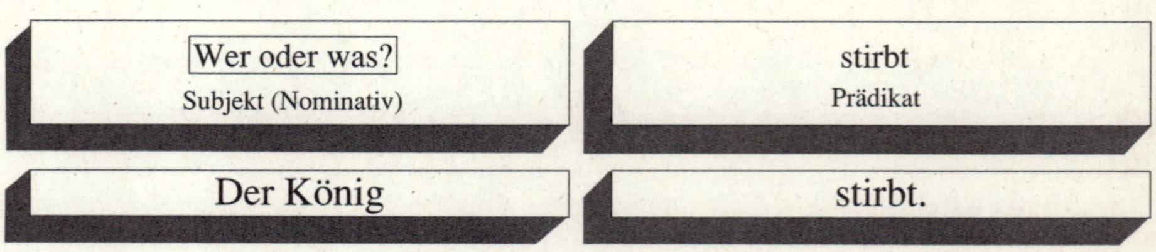

„Sterben" ist ein intransitives Verb, d. h., es erfordert *kein* Akkusativobjekt.

Je nach Sinnzusammenhang kann ein Akkusativobjekt hinzugefügt werden:
Er starb einen schmerzlosen Tod,
wobei auf der (semantischen) Bedeutungsebene das (grammatische) Akkusativobjekt „einen schmerzlosen Tod“ eher wie eine adverbiale Ergänzung anmutet:
Er starb...wie? – *Er starb schmerzlos.*

Die Wortart Verb hat syntaktisch (als Satzglied auf der Ebene des Satzes, *vgl. Kap. Satzglieder und Nebensätze, S. 20 f.*) eine zentrale, den Satz „organisierende“ Funktion. Das Verb kann in seiner syntaktischen Rolle als Satzglied ergänzt werden, z. B. durch
Adverbien: *Er singt* morgen,
adverbial gebrauchte Adjektive: *Er singt* schön,
Objekte (*s. Kap. Das Substantiv/Nomen, S. 16 f.*),
wobei diese Ergänzungen auch zu Nebensätzen ausgedehnt werden können (*s. Kap. Satzglieder und Nebensätze, S. 20 f.*).

ÜBUNG 1

Schreiben Sie aus den folgenden Sätzen die Verben heraus und bestimmen Sie diese möglichst genau (Person/Numerus, Tempus, Genus, Modus, Vollverb/Hilfsverb).

Ich arbeite nun schon länger mit diesem Trainingsprogramm. Das kostet mich zwar einige Zeit, aber vielleicht werde ich mich ja im Fach Deutsch verbessern. Manchmal langweilt es mich, Dinge zu lesen, die ich schon kenne. Gestern ging es mir so. Die Regeln von heute kannte ich schon.

____

____

____

____

____

____

____

____

____

____

ÜBUNG 2

Bilden Sie folgende Formen des Verbs „singen“:

1. Pers. Sing., Präs., Aktiv, Indikativ: ______________________

3. Pers. Sing., Neutrum, Präs., Passiv, Indikativ: ______________________

2. Pers. Plur., Perf., Aktiv, Indikativ: ______________________

2. Pers. Sing., Fut. I, Aktiv, Indikativ: ______________________

3. Pers. Sing., Neutrum, Prät., Passiv, Indikativ: ______________________

1. Pers. Plur., Plusquamperf., Aktiv, Indikativ: ______________________

Der Konjunktiv

Er habe oder er hätte Grippe

Es gibt zwei Formen des Konjunktivs, die prinzipiell zu unterscheiden sind: **Konjunktiv I** und **Konjunktiv II** (*er sehe – er sähe*). Sie stellen Aussageweisen des Verbs dar, sind also nicht zwei unterschiedliche Zeitformen. Es macht schon einen Unterschied, ob es heißt:
Schüler X sagt, er habe Grippe gehabt (Konjunktiv I) oder:
Schüler X sagt, er hätte Grippe gehabt (Konjunktiv II).
Im ersten Falle wird eine Aussage referiert (indirekt/mittelbar wiedergegeben), im zweiten Falle wird die Aussage (als nicht wirklich/als bloße Behauptung des Sprechers) bezweifelt.

Kleine Formenlehre

Den **Konjunktiv I** bildet man vom Präsensstamm des Verbs, z. B.
hab-en oder *sei-n* oder *mög-en* → *ich habe, du habest, er habe, ihr habet; ich sei, du sei(e)st; ich möge, du mögest, er möge* usw.

Den **Konjunktiv II** bildet man vom Präteritum. Dabei tritt bei den Stammvokalen a, o, u der starken/unregelmäßigen Verben zusätzlich noch ein Umlaut auf (*ich war/wurde/hatte/lag/betrog:* → *ich wäre/würde/hätte/läge/betröge*).

Ersatzformen

Zahlreiche Konjunktivformen heben sich gar nicht oder nur undeutlich vom Indikativ ab. Als Ersatz benutzt man statt des Konjunktivs I die Formen des Konjunktivs II oder man hilft sich mit der gängigen Umschreibung mit *würde* + Infinitiv.

Der Konjunktiv I

Er steht in Wunsch- oder in Aufforderungssätzen, die sich oft auf die 3. Person beziehen, sowie vor allem in indirekten Fragesätzen und in der indirekten Rede (der häufigsten Form der „mittelbaren Aussagen“).

ÜBUNG 1

Füllen Sie in die Lücken die jeweils richtige Konjunktivform ein.

Man ________ (nehmen) rosarotes Briefpapier, ____________ (besprühen) es mit Rosenwasser und ______ (setzen) ein Herzchen auf den Rand des Schreibbogens. Dann __________ (beginnen) man schwungvoll mit Worten wie „Es ________ (singen) mein Herz nur von dir, Liebste!“ usw. Fanny fragte, warum er denn rot ________ (werden) und was er da ________ (schreiben). Darauf erwiderte Atze, ob sie sich das nicht denken ________ (können). Bodo, das Tratschmaul, erzählte, Fanny ______ (sein) neulich bei Atze gewesen, ______ (haben) diesen beim Liebesbriefschreiben ertappt. Wir wunderten uns; aber Bodo meinte, alle Welt ________ (wissen) doch, dass Atze seit Wochen der Fanny ____________ (hinterherlaufen), sich aber bisher nicht so richtig an sie herangetraut ________ (haben). Demnächst ______ (werden) er, Atze, ihr wohl noch anonym Rosen schicken lassen.

Der Konjunktiv II

Er steht bei bloßen Vermutungen, bei irrealen Aussagen sowie vor allem in konditionalen Satzgefügen, bei denen Bedingung und Folge irreal sind.

ÜBUNG 2

Füllen Sie auch hier die Lücken mit den richtigen Konjunktivformen aus.

Bodo ________ (können) gut in unsere Clique passen. Aber dann ________ (liegen) er uns immer mit seinem Tratschen in den Ohren. Wenn er doch nicht solch ein Quatschmaul ______ (sein)! Man ______ (kommen) im Grunde gut mit ihm aus; aber leider...
Wenn Fanny Atze nicht überrascht ________ (haben), dann ________ (wissen) sie immer noch nicht, dass er in sie verliebt ist. Bodo ________ (finden) es vielleicht ja selbst schön, wenn Fanny sich in ihn verliebt ________ (haben) oder auch in ihn verlieben ________ (werden).

ÜBUNG 3

Welche Konjunktive – I oder II – werden in den folgenden Sätzen verwendet? Welche Verwendungsmöglichkeit des Konjunktivs liegt jeweils vor? Entscheiden Sie zwischen a) oder b).

„Ich hätte gern mehr Taschengeld", bettelt Tim.
a) Höflichkeitsfloskel? / b) unmögliche Annahme? ____________________

„Der Teufel hole das verdammte Geld", knurrt Tims Vater.
a) unmöglicher Wunsch? / b) indirekte Aufforderung? ____________________

„Wenn ich gestern den Lottoschein abgegeben hätte, wären wir heute Millionäre", jammert Tims Mutter.
a) indirekte Rede? / b) irreales Konditionalgefüge? ____________________

„Wir müssten nie mehr zur Schule!", ruft die Schwester.
a) irreale Folgerung? / b) indirekter Wunsch? ____________________

„Mein Freund Peter hat auch gesagt, ein Millionärssohn müsse nicht zur Schule gehen", pflichtet Tim ihr bei.
a) möglicher Wunsch? / b) indirekte Rede? ____________________

„Mal angenommen, die Schule sei plötzlich weg", sagt...
a) mögliche Annahme / b) unmögliche Annahme? ____________________

Tims Schwester, „ein Ufo käme und nähme sie mit..."
a) mögliche Annahme / b) unmögliche Annahme? ____________________

„Ihr redet, als ob ihr Quasselwasser getrunken hättet ..."
a) irrealer Vergleich? / b) indirekte Rede? ____________________

Viele Konjunktiv-II-Formen (bei den sog. starken Verben) klingen in unseren Ohren fremd, gestelzt, veraltet – oder sind dies auch schon. Da sie aber nach wie vor verwendet werden und bei bestimmten Textarten angebracht sind, sollten Sie diese Formen auf jeden Fall kennen.

ÜBUNG 4

Wie lauten zu den folgenden Konjunktiv-II-Formen jeweils die Infinitive? Beachten Sie, dass es sich in 13 Fällen um so genannte Parallelformen desselben Verbs handelt.

äße __________, bände __________, bärge __________, begänne __________,

begönne __________, beföhle __________, befähle __________, betröge __________,

böte __________, dächte __________, empföhle __________, empfähle __________,

fände __________, flöhe __________, fräße __________, gäbe __________,

gälte __________, gölte __________, gewänne __________, gewönne __________,

hinge __________, höbe __________, hülfe __________, hälfe __________,

käme __________, läse __________, löge __________, möchte __________,

nähme __________, ränne __________, rönne __________, röche __________,

sähe __________, sänge __________, sänne __________, sönne __________,

schwämme __________, schwömme __________, schwände __________,

schwöre __________, schwüre __________, spänne __________,

spönne __________, stähle __________, stöhle __________, stände __________,

stünde __________, stürbe __________, verdürbe __________,

wäre __________, würbe __________, zöge __________

Tipp

Prägen Sie sich diese Formen durch mehrfaches Lesen ein.

Die indirekte Rede

Umformung in die indirekte Rede

Oft soll das, was von anderen – direkt/unmittelbar – gesagt worden ist, möglichst wortgenau und ausführlich wiedergegeben werden (ein freier Vortrag, ein Stundenverlauf, eine Zeugenaussage). Dabei ist alles das stilistisch zu glätten, was zu situationsabhängig, zu empfängerbezogen (1) klingt bzw. zu sehr Diktion der Alltagssprache (2) ist.
In seltenen (!) Fällen werden Äußerungen, weil sie besonders charakteristisch sind, wortwörtlich (3) wiedergegeben. Dies steht als Zitat in Anführungszeichen.
Bei wörtlicher Rede liegt eine weitere Besonderheit darin, dass der Bericht über zurückliegende Ereignisse im Tempus schwanken kann (4), und zwar zwischen Präteritum, Perfekt, Plusquamperfekt und Präsens.
Dies ist bei indirekter Rede in eine einheitliche Vergangenheitsform zu bringen.
(Die Ziffern in Klammern verweisen auf Beispiele in den nebenstehenden Texten.)

Das Tempus

Viele sind der irrigen Ansicht, Konjunktiv I und II seien verschiedene Zeitformen. Das aber ist falsch. (Die Konjunktiv-I-Form zu *ist* und *war* lautet nur *sei* bzw. *sei … gewesen*; zu *hat* und *hatte* nur *habe* oder *habe … gehabt*.)
Das Tempus in der indirekten Rede bestimmt sich allein danach, ob das, wovon berichtet wird, vorher, gleichzeitig oder nachher geschehen ist (Vorzeitigkeit, Gleichzeitigkeit, Nachzeitigkeit), gemessen am Zeitpunkt, von dem aus berichtet wird.

Die Ersatzformen „würde/würden“

Die Umschreibung mit *würde/würden* wird in der Alltagssprache häufig verwendet.
In der schriftlichen Form der indirekten Rede tritt sie als „Ersatz der Ersatzform“ auf (wenn bei uneindeutiger Form des Konjunktivs I auch die Ersatzform Konjunktiv II mit dem Indikativ verwechselt werden kann).
Die Umschreibung *würde/würden* gilt aber nach wie vor als unbeholfen oder unschön. Sie sollte deshalb auf ein Minimum beschränkt werden.

An einem Freitagnachmittag kam Tim nach Hause und erzählte dort Folgendes:

Wörtliche Rede (Text A): ➞

„Bei Meyers (1) in der Lottoannahmestelle war eben so ein Mann, der hatte sich schon vorher irgendwie (2) so komisch benommen.
Und als die Verkäuferin den fragte: ‚Was darf es denn sein?‘, kichert der Mann und sagt: ‚Na, geben Sie mir doch einfach mal die kommenden Gewinnzahlen!‘ Da ist (4) die Verkäuferin aber wütend geworden. Die war sowieso völlig entnervt. ‚Auf Ihre blöden Witze lege ich keinen Wert‘, hat sie gebrüllt. ‚Sie sehen doch, dass hier noch andere Kunden warten. Wenn Sie nicht sofort den Laden verlassen, werden Sie was erleben.‘ “

Tims Bruder berichtet seinem Brieffreund, was Tim erlebt hat.

Indirekte Rede (Text B):

Tim sagte, dass in einer Lottoannahmestelle ein Mann gewesen sei, dessen merkwürdig albernes Benehmen seine Aufmerksamkeit auf sich gezogen habe.
Auf die Frage der Verkäuferin, was es sein dürfe, habe der Mann kichernd erwidert, sie möge ihm die Gewinnzahlen der kommenden Ziehung geben.
Daraufhin habe die bereits völlig entnervte Verkäuferin den Mann wütend angebrüllt. Auf solche „blöden Witze“ (3) lege sie keinen Wert. Er sehe doch, dass hier noch andere Kunden warten. Wenn er nicht sofort den Laden verlasse, werde er etwas erleben…

Eindeutig sind die Formen im Konjunktiv I nur in der 2. und 3. Person Singular sowie in der 2. Person Plural	
Ersatzformen:	
Konjunktiv II tritt als Ersatz ein (v. a. bei der 1. Person Singular und der 1. bzw. 3. Person Plural)	**„würde/würden“-Formen** treten ebenfalls als Ersatz ein (v. a. bei regelmäßigen Verben)

ÜBUNG 1

Unterstreichen Sie in Text B sämtliche Konjunktive. Keine der Formen in der 3. Person Singular ist mit dem Indikativ zu verwechseln („eindeutige“ Konjunktivformen).

ÜBUNG 2

Ersetzen Sie den Singular durch den Plural (statt der Mann: zwei Jungen, statt Verkäuferin: Verkäuferinnen) und schreiben Sie dazu die Verbformen.
Suchen Sie nun die Ersatzformen, die nötig werden (Konjunktiv II oder würde/würden mit Infinitiv). Schreiben Sie Ihre Texte ins Hausheft.

Mit dem Konjunktiv der indirekten Rede werden wir am häufigsten in Zeitungsnachrichten konfrontiert. Insofern ist aufmerksame Zeitungslektüre eine gute Übung für den Konjunktivgebrauch, wie er bei Klausuren (vor allem in Thesendiskussionen und Quellenanalysen) gefordert wird.

Experten warnen

HAMBURG Die amerikanischen Atombombenexperten Russel Seitz und Richard Wilson haben im Zusammenhang mit auf dem Schwarzmarkt aufgetauchtem hochradioaktivem Plutonium vor terroristischen Nuklear-Anschlägen gewarnt. Das im Mai im südbadischen Tengen gefundene Plutonium sei „waffentaugliches Material“, wie es „ausschließlich für Atombomben“ verwendet werde, sagte Seitz dem „Spiegel“. „Mit spaltbarem Material dieser Qualität könnte eine ganze Menge von Leuten Waffen bauen.“ Der Atomphysiker Wilson befürchtet, „dass auf dem Schwarzmarkt noch mehr reines Plutonium existiert“. „Wo ein bisschen verschwindet, kann auch ein bisschen mehr verschwinden“, sagte Wilson dem „Spiegel“.

Formenanalyse der Zeitungsnachricht:

Satz 1: Die zentrale Meldung, das Faktum (*wer* hat *was wann/wo* getan) steht im Indikativ: „haben“.
Satz 2: Hier kommt (z.T. wörtlich, weil die authentische Formulierung für wichtig gehalten wird) eine mittelbare Wiedergabe der Warnung, also Konjunktiv I: „sei“/„werde“. Die Konjunktiv-I-Form steht wegen der Gleichzeitigkeit im Präsens; „das … Plutonium“ ist (zum Berichtszeitpunkt) ja immer noch „waffentauglich“.
Satz 3: Trotz der direkten Rede findet sich ein Konjunktiv II („könnte“): Er weist auf eine bloß gedachte Möglichkeit, die (noch) nicht existiert. Würde dieses Zitat wie das vorhergehende in die indirekte Rede gesetzt werden, bliebe die Form (als Irrealis) im Konjunktiv II stehen.
Satz 4: Es gibt hier nur den Indikativ. Die Form *existiere* ist nicht angebracht, da der Einleitungssatz die folgende Aussage bereits als persönliche Befürchtung markiert.

ÜBUNG 3

Setzen Sie auch den letzten Satz der Zeitungsmeldung oben in die indirekte Rede.

ÜBUNG 4

Setzen Sie den folgenden Zeitungstext (Unterstreichungen) in die indirekte Rede, soweit nötig.

Eggert für Entlassung fauler Beamter

BONN Der Vorsitzende des deutschen Beamtenbundes (DBB) Werner Hagedorn hat die Pläne der Bundesregierung zur Reform des öffentlichen Dienstes heftig kritisiert. Der in der vergangenen Woche im Kabinett beschlossene Perspektivbericht ist eine Geisterfahrt, erklärte Hagedorn in einem Zeitungsinterview.

In dem Bericht fehlen die konkreten Hinweise, wie das angestrebte System auf der Basis von Leistungsanreizen funktionieren soll.
Der sächsische Innenminister Heinz Eggert (CDU) forderte grundsätzliche Reformen im öffentlichen Dienst. Auch die Grundsätze des Berufsbeamtentums müssen umfassend überprüft und an neue Gegebenheiten angepasst werden. Faule oder gar unfähige Beamte, die in aller Ruhe ihre Laufbahn absitzen, müssen entlassen werden können, schrieb Eggert in einem Zeitungskommentar.

Beachten Sie:

Auf Ersatzformen kann man dann verzichten, wenn im Kontext andere eindeutige Konjunktive stehen, wenn also aus dem Satz- und Sinnzusammenhang zu erkennen ist, dass es sich um Konjunktive handelt.
Es genügte demnach zu sagen [vgl. Text B (5), S. 14]:
Er sehe doch, dass hier noch andere Kunden warten.

Wer den Konjunktiv deutlicher signalisieren wollte, müsste schreiben:
Er sehe, dass noch andere Kunden warteten.
Freilich erhielte man eine Ersatzform, die sich auch nicht vom Indikativ unterschiede.

Eindeutig würde die Form nur, wenn man die umständlichere „würde“-Form wählte:
Er sehe doch, dass noch andere warten würden.
Also bliebe man besser gleich bei der ursprünglichen Formulierung, die ja vom Kontext her (*er sehe/sie sähen*) als Konjunktiv erkennbar ist.

Das Substantiv/Nomen

Achtung!

Substantiv = Wortart,
Subjekt = Satzteil!

Das Genus ist oftmals willkürlich, denn natürlich ist kein Kind „sächlich“! Und der im Deutschen „männliche“ Mond ist im Italienischen „la luna“, also weiblich.

Im Gegensatz zur englischen Sprache wird im Deutschen die Genitivendung „-s“ nur in Sonderfällen *(vgl. Kap. Fremdwörter, S. 39)* mit dem Apostroph abgetrennt! Man schreibt also *Claudias Haare sind braun* – aber *Sie hat's*, weil der Apostroph hier einen Vokal (*e*) ersetzt.

Vorsicht!

1. Andere Wortarten können zu Substantiven werden, z. B.

Verben:
Das Wandern ist des Müllers Lust.

Adjektive:
Sie liebte alles Schöne im Leben.

Pronomen:
Sein Ich war ihm immer sehr wichtig.

2. Präpositionen und Artikel können zusammengezogen werden, z. B. *im* besteht aus *in dem*, und danach wird oft großgeschrieben, z. B.: *Manche lesen gern im Liegen.*
Dies gilt auch für *am* (*an dem*), *zum* (*zu dem*), *zur* (*zu der*), *ins* (*in das*) usw.

Das Substantiv/Nomen kennen Sie seit Grundschulzeiten, vielleicht unter anderen Bezeichnungen (Namenwort, Dingwort, Hauptwort), und Sie wissen, dass es großgeschrieben wird und dass man es daran erkennt, dass man den bestimmten oder unbestimmten Artikel (Geschlechtswort) davor setzen kann. Daran erkennt man gleichzeitig das Genus des Substantivs.
Außerdem wissen Sie, dass das Substantiv deklinierbar ist: Bezüglich des Numerus kann es unterschieden werden in Singular (Einzahl) und Plural (Mehrzahl). Außerdem kann man es in verschiedene Kasus setzen: in den Nominativ (Wer oder was?), den Genitiv (Wessen?), den Dativ (Wem?) und den Akkusativ (Wen oder was?).

Die Deklination des Substantivs/Nomens

Kasus (Fall)	**Numerus** (Zahl) Singular	Plural	**Genus** (Geschlecht)
1. **Nominativ:** Wer oder was? 2. **Genitiv:** Wessen? 3. **Dativ:** Wem? 4. **Akkusativ:** Wen oder was?	der Mann des Mannes dem Mann den Mann	die Männer der Männer den Männern die Männer	maskulin (männlich)
1. **Nominativ:** Wer oder was? 2. **Genitiv:** Wessen? 3. **Dativ:** Wem? 4. **Akkusativ:** Wen oder was?	die Frau der Frau der Frau die Frau	die Frauen der Frauen den Frauen die Frauen	feminin (weiblich)
1. **Nominativ:** Wer oder was? 2. **Genitiv:** Wessen? 3. **Dativ:** Wem? 4. **Akkusativ:** Wen oder was?	das Kind des Kindes dem Kind das Kind	die Kinder der Kinder den Kindern die Kinder	Neutrum (sächliches Substantiv)

ÜBUNG 1

Schreiben Sie aus den folgenden Sätzen die Substantive heraus und bestimmen Sie diese näher: Genus, Numerus, Kasus.

Der Sommer 1994 war sehr heiß. Die Hersteller von Mineralwasser gerieten sogar in Lieferschwierigkeiten, denn das Leergut wurde den Geschäften nicht zügig genug zurückgebracht. Auch die Landwirtschaft litt unter der Dürre. Die Lagerräume einiger Geschäfte waren fast leer.

Sie sehen, dass Sie den Kasus nicht unbedingt am Artikel erkennen können („die Frau“ kann Nominativ oder Akkusativ sein!). Sie müssen vielmehr im Zusammenhang nach dem Kasus fragen mit den Interrogativpronomen, wobei Sie möglichst im unveränderten Satzzusammenhang und nicht nur mit „was“ fragen sollten, sondern mit „wer oder was“ (Nominativ) oder „wen oder was“ (Akkusativ), z. B.:
Die Schülerin freute sich auf ihre Ferien.

Richtig gefragt:
Wer oder was (Nominativ) *freute sich auf wen oder was* (Akkusativ)?

Falsch gefragt:
Die Schülerin freute sich auf was? (Nominativ oder Akkusativ? Unklar!)
Wer oder was freute die Schülerin? (Veränderung der Satzstellung, die zur falschen Kasusbestimmung [Nominativ] führt: „ihre Ferien“, obwohl diese Wortfolge so im Satz auftaucht!)

Der o. g. Fehler beruht darauf, dass das Verb „freuen“ zweifach verwendet werden kann:
a) *Jemand* (Subjekt, Nominativ) *freut sich auf etwas* (Präpositionalobjekt, Akkusativ). „Sich freuen“ ist ein intransitives Verb, d. h., es erfordert keine Ergänzung im Akkusativ, und es ist reflexiv *(sich freuen).*

b) *Etwas* (Subjekt, Nominativ) *(er-)freut jemanden* (Objekt, Akkusativ). „Freuen“ ist hier ein transitives Verb, d. h., es erfordert eine Ergänzung im Akkusativ.
(Vgl. Kap. Formen des Verbs, S. 10 f.).
Beachte: *Jemand freut sich (auf/über) – Etwas (er-)freut jemanden.*

ÜBUNG 2

Schreiben Sie die Substantive/Nomen aus dem folgenden Text heraus und bestimmen Sie das Genus, den Numerus und den Kasus, den Sie aus dem möglichst unveränderten Satzzusammenhang erfragen, indem Sie für das zu erfragende Substantiv/Nomen das entsprechende Interrogativpronomen (s. Tabelle auf S. 16) einsetzen, z. B.:
Das Mädchen sang ein Lied.
Wer oder was (Nominativ) sang wen oder was (Akkusativ)?

Die Probleme einer Schülerin mit der Rechtschreibung zeigen sich besonders bei den Ausnahmefällen. Sie denkt an eine bestimmte Regel, z. B., dass nach dem bestimmten Artikel großgeschrieben wird, aber „der eine“ oder „die andere“ ist dennoch dem Duden zufolge kleinzuschreiben.

Achtung!

Ausnahmen, die man lernen muss:
Der/die/das eine wird in der Rechtschreibung wie *andere, viel, wenig, jeder, jemand, keiner* zu den Indefinitpronomen und Numeralia gerechnet, die, auch in Verbindung mit dem Artikel, kleingeschrieben werden!

Die Pronomen und Partikeln

Pronomen

Personalpronomen (persönliches Fürwort)	**Possessivpronomen** (besitzanzeigendes Fürwort)	**Demonstrativpronomen** (hinweisendes Fürwort)	**Relativpronomen** (bezügliches Fürwort)	**Interrogativ–pronomen** (Fragefürwort)	**Reflexivpronomen** (rückbezügliches Fürwort)	**Indefinitpronomen** (unbestimmtes Fürwort)
ich	mein, -e, mein	dieser, -e, -es	der, die, das	wer	(--)	jemand
meiner	meines, -er, -es	dieses, -er, -es	dessen, derer, dessen	wessen	meiner	jemandes
mir	meinem, -er, meinem	diesem, -er, diesem	dem, der, dem	wem	mir	jemandem
mich	meinen, -e, mein	diesen, -e, -es	den, die, das	wen	mich	jemanden
usw.	usw.	usw.	usw.		usw.	

Die **Pronomen** sind Stellvertreter oder Begleiter des Substantivs und können wie ein Substantiv dekliniert werden, und zwar nach Genus, Numerus und Kasus.

Personalpronomen
Immer als Stellvertreter!

Genus:
der Mann = er
die Frau = sie
das Kind = es

Numerus:
er – sie (Plur.); *sie – sie* (Plur.);
es – sie (Plur.)

Kasus:
Sing. *er, seiner, ihm, ihn*
sie, ihrer, ihr, sie
es, seiner, ihm, es
Plur. *sie, ihrer, ihnen, sie*

Possessivpronomen
Stellvertreter: *der deinige/Deinige* (z. B. *dein Mann*) usw.
Begleiter: *dein Mann* usw.

Demonstrativpronomen
Stellvertreter: *diese, diejenige,* *die* (betont)
Begleiter: *diese Frau, jener Mann* usw.

Relativpronomen
Stellvertreter: *Der Mann, der …*
Alles, was …

Interrogativpronomen
Stellvertreter: *wer, was* usw.
Begleiter: *Welches Kind* usw.

Indefinitpronomen
Stellvertreter: *manche* (z. B. *Kinder*)
Begleiter: *Keine Angst* usw.

Reflexivpronomen
Stellvertreter:
Ich habe mich gewaschen usw.

Partikeln

Adverb (Umstandswort)

Wo, wohin, woher?	Wann, wie lange?	Wie?	Warum, wozu?
Ort	**Zeit**	**Art und Weise**	**Grund, Ursache**
hier, dort u. a.	bald, heute u. a.	gern, beinahe u. a.	darum, trotzdem u. a.

Konjunktion (Bindewort)

verbindet **Satzglieder**	verbindet **Haupt- und Hauptsatz**	verbindet **Haupt- und Nebensatz** **Nebensatz und Nebensatz**
Er **und/oder** ich **Entweder** er **oder** ich **Weder** er **noch** ich	Er geht, **aber** ich bleibe.	Er geht, **obwohl** ich bleibe. Obwohl er geht **und** ich bleibe …

Präposition (Verhältniswort)

mit **Genitiv**	mit **Dativ**	mit **Akkusativ**	mit **Dativ oder Akkusativ**
wegen, statt u. a.	mit, bei, zu u. a.	für, gegen, ohne u. a.	an, in, über, unter u. a.

ÜBUNG 1

Bestimmen Sie im folgenden Text die unterstrichenen Wörter im Hinblick auf die Wortart. Benutzen Sie auch die rechte Randspalte, falls die Schreiblinien nicht ausreichen.

Im Allgemeinen werden nur (1) wenige (2) Fehler gemacht, wenn (3) es darum geht, Substantive, Adjektive, Artikel, Numeralia oder Verben zu bestimmen. Deshalb sollen in diesem (4) Text nur Pronomina und Partikeln erkannt werden. Bei (5) den Partikeln wird auf die Interjektionen (Ausrufewörter wie *oh, ah* oder *hoppla*) ebenfalls verzichtet, weil (6) auch diese (7) leicht erkennbar sind. Für jeden Schüler der Oberstufe empfiehlt es (8) sich eigentlich, ein paar sprachliche Handwerkszeuge anzuschaffen, denn derjenige (9), der (10) sich (11) umfassend informieren will, sollte in seinem (12) Bücherschrank ein Rechtschreib-Wörterbuch und den Duden Bd. 9, „Richtiges und gutes Deutsch, Wörterbuch der sprachlichen Zweifelsfälle“ haben. Denn wer (13) von uns (14) ist schon (15) unfehlbar? Hier (16) im Duden Bd. 9 findet man in alphabetischer Reihenfolge die wichtigsten grammatischen, stilistischen und rechtschreiblichen Zweifelsfälle aufgelistet, aber (17) auch Beispiele für (18) Lebenslauf und Bewerbung u. a. sind darin (19) vorhanden.

Die Partikeln
Adverbien, Konjunktionen und Präpositionen bleiben immer unverändert; nur bei einigen Präpositionen gibt es eine Verbindung mit dem Artikel, z. B.
im = in dem, ins = in das.

ÜBUNG 2

Der folgende – leicht gekürzte – Text von Kurt Tucholsky dient zur Festigung des Wissens. Bestimmen Sie die unterstrichenen Wortarten. Benutzen Sie auch die rechte Randspalte, falls die Schreiblinien nicht ausreichen.

[…] Im südlichen Frankreich – da saß in einem Postbüro ein älteres Fräulein als Beamtin, die (1) hatte eine böse Angewohnheit: Sie (2) machte ein bißchen die Briefe auf und las sie […]
Das Fräulein also las die Briefe und bereitete mit ihren (3) Indiskretionen den Leuten manchen (4) Kummer.
Im Departement wohnte auf einem schönen Schlosse ein kluger Graf [...] Und dieser (5) Graf tat eines Tages folgendes:
Er bestellte sich (6) einen Gerichtsvollzieher auf das Schloß und schrieb in seiner Gegenwart an (7) einen Freund:

Lieber Freund!
Da ich weiß, daß das Postfräulein Emilie Dupont dauernd unsre (8) Briefe öffnet und sie liest, weil sie vor lauter Neugier platzt, so sende ich Dir anliegend, um ihr einmal (9) das Handwerk zu legen, einen lebendigen Floh.
Mit (10) vielen schönen Grüßen Graf Koks

Und diesen Brief verschloß er in Gegenwart des Gerichtsvollziehers. Er legte aber keinen (11) Floh hinein.
Als der Brief ankam, war einer drin (12). [R]

Satzglieder und Nebensätze

Gliedsätze sind Nebensätze, die die Funktion von Satzgliedern haben; man kann im Prinzip jeden Gliedsatz in ein Satzglied und umgekehrt jedes Satzglied in einen Gliedsatz verwandeln. Das geht jedoch oft nicht ohne sprachliche Gespreiztheiten. (Vgl. nebenan den Satz: *Er verletzte sich mit der Folge von Blutung.*)

Das Attribut ist kein selbstständiges Satzglied und kann deshalb auch nicht von dem Satzglied, zu dem es gehört, getrennt werden. Satzglied und zugehöriges Attribut bleiben auch bei einer Verstellprobe zusammen: *Düsseldorf ist eine schöne Stadt am Rhein*.
Die Attribute *schön* und *am Rhein* sind nicht von dem Gleichsetzungsnominativ *Stadt* zu trennen, also auch bei der Verstellprobe *Eine schöne Stadt am Rhein ist Düsseldorf* ändert sich die Stellung der Attribute nicht.
Die meisten **Relativsätze** sind Attributsätze.
Relativsätze werden oft mit den Relativpronomen *der, die, das, welcher, welche, welches, wer* oder *was* eingeleitet.

Achtung!

Häufig werden Relativpronomen und damit der mit Komma abzutrennende Relativsatz nicht erkannt, weil eine Präposition davor steht:
Sie war die Frau, auf die er gewartet hatte.

Adverbialsätze werden fast immer mit einer unterordnenden Konjunktion eingeleitet.

Temporalsätze: *während, als, bis, sooft, wenn, nachdem, bevor, sobald, seitdem*

Lokalsätze: *wo, wohin, woher* (keine Konjunktionen im eigentlichen Sinn, sie werden auch als Relativ- oder Frageadverbien bezeichnet)

Modalsätze: *dadurch dass, indem, ohne dass, wie, als ob, als wenn, je – desto*

Kausalsätze: *weil, da, zumal*

Konsekutivsätze: *dass, sodass*

Finalsätze: *dass, damit, auf dass*

Konditionalsätze: *wenn, falls, sofern*

Konzessivsätze: *obgleich, obwohl, obschon, wenngleich*

Auch die **Infinitivgruppen** mit *um zu, anstatt zu* oder *ohne zu* haben die Funktion von adverbialen Bestimmungen.

Der Gliedsatz als verkapptes Satzglied des Hauptsatzes

Subjekt (Attribut)		**(Präpositional-) Objekt**	**adverbiale Bestimmung**
Der brave Mann	denkt	an sich selbst	zuletzt.
Subjektsatz: Wer ein braver Mann ist, denkt an sich selbst zuletzt. (**Attributsatz:** Der Mann, der brav ist, denkt an sich selbst zuletzt.)		**Objektsatz:** Dass es ihn selbst gebe, (daran) denkt der brave Mann zuletzt.	**Adverbialsatz:** Nachdem er an alle gedacht hat, denkt der brave Mann an sich selbst.

Die unterschiedlichen Adverbialsätze

Temporalsatz: Als es einsetzte zu regnen, spannte er den Schirm auf.
Bei Einsetzen des Regens (adv. Best. der Zeit) spannte er den Schirm auf.

Lokalsatz: Wo du bist, will auch ich sein.
Ich will überall bei dir (adv. Best. des Ortes) sein.

Modalsatz: Ohne dass er mich beachtete, ging er an mir vorbei.
Ohne Beachtung (meiner) (adv. Best. der Art und Weise) ging er an mir vorbei.

Kausalsatz: Weil es regnete, blieb ich.
Wegen des Regens (adv. Best. des Grundes) blieb ich.

Konsekutivsatz: Er verletzte sich so, dass er blutete.
Er verletzte sich mit der Folge von Blutung (adv. Best. der Folge).

Finalsatz: Ich tue alles, damit du bleibst.
Ich tue alles um deines Bleibens willen (adv. Best. des Zwecks).

Konditionalsatz: Falls es regnet, gehen wir ins Kino.
Bei Regen (adv. Best. der Bedingung) gehen wir ins Kino.

Konzessivsatz: Obwohl es regnet, gehe ich.
Trotz des Regens (adv. Best. der Einräumung) gehe ich.

Nebensätze ungleichen Grades

Hauptsatz (HS)	⇦	**Nebensatz (NS) 1**	⇦	**Nebensatz (NS) 2**
übergeordneter, selbstständiger Satz		vom HS abhängiger Nebensatz		von NS1 abhängiger Nebensatz
Sie verliebte sich in ihn,		weil er sie pflegte,		als sie krank war.

Frage nach NS 1: Warum verliebte sie sich in ihn?

Frage nach NS 2: Wann pflegte er sie?

ÜBUNG 1

a) *Bestimmen Sie die unterstrichenen Satzglieder und Nebensätze.*

Als ich gestern durch die Altstadt schlenderte (1), traf ich unverhofft (2) einen alten Freund wieder, den ich schon seit langem nicht mehr gesehen hatte (3). Er ist während der Schulzeit (4) mein bester Freund gewesen, obwohl wir von sehr unterschiedlicher Wesensart waren (5). Ich habe oft an ihn (6) gedacht, wenn ich später meine Klausuren schrieb (7), denn nie fand ich jemanden (8) wieder, der so uneigennützig (9) sein Wissen in allen Fächern (10) mit anderen teilte wie er. Wir glaubten beide einen Augenblick lang, dass es nie eine Zeit der Trennung gegeben habe (11). Natürlich gaben wir uns am Schluss (12) das Versprechen, dass wir uns in Zukunft regelmäßig treffen wollten (13), damit nie wieder eine so lange Zeit der Trennung entstehen könne (14).

b) *Bestimmen Sie im folgenden Satzgefüge den Abhängigkeitsgrad der Nebensätze.*

Als ich gestern durch die Altstadt bummelte (1), traf ich einen alten Freund wieder, den ich lange nicht mehr gesehen hatte (2), obwohl er einmal mein bester Freund war (3) und ich lange die Schulbank mit ihm gedrückt hatte (4).

ÜBUNG 2

a) *Bestimmen Sie im folgenden Text die unterstrichenen Satzglieder und Nebensätze.*

Auch in der Mythologie (1) ging es gut (2). Ich hatte meine liebe (3) Freude an dem Göttergesindel, das so lustig nackt die Welt regierte (4). Ich glaube nicht, dass jemals ein Schulknabe im alten Rom die Hauptartikel seines Katechismus, z. B. die Liebschaften der Venus, besser auswendig gelernt hat als ich (5). Aufrichtig (6) gestanden, da wir doch einmal die alten Götter auswendig lernen mussten (7), so hätten wir sie (8) auch behalten sollen, und wir haben vielleicht (9) nicht viel Vorteil bei unserer neurömischen Dreigötterei oder gar bei unserem jüdischen Eingötzentum.
(H. Heine)

b) *Bestimmen Sie den Abhängigkeitsgrad der Nebensätze.*

Ich ergreife diese Gelegenheit um Ihnen zu zeigen [...], wie es nicht meine Schuld war, wenn ich von der Geografie so wenig lernte, dass ich mich späterhin nicht in der Welt zurechtzufinden wusste . *(Nach H. Heine)*

Nebensätze ungleichen Grades

Man nennt NS1 den vom Hauptsatz abhängigen Nebensatz, NS2 den vom NS1 abhängigen Nebensatz, NS3 den vom NS2 abhängigen Nebensatz usw., z. B. *Ich ging aus dem Hause* (HS), *nachdem ich zuvor die Tür verriegelt hatte* (NS1), *obwohl ich nicht fürchtete* (NS2), *dass jemand einbrechen würde* (NS3).

Nebensätze gleichen Grades

Sie hängen vom gleichen Haupt- bzw. Nebensatz ab, z. B.: *Ich ging nach Hause* (HS), *da es schon spät war* (NS1) *und da ich noch zu tun hatte* (NS1). Oder: *Obwohl es schon spät war* (NS1), *blieb ich bei meinen Freunden* (HS), *da es mir so gut bei ihnen gefiel* (NS1).

Das Komma in Satzreihen und Satzgefügen (Ä 2)

Regel 1

a) Das Komma trennt nebengeordnete selbstständige Sätze (Hauptsätze).

b) Es steht aber in der Regel kein Komma, wenn solche Sätze durch *und/oder, beziehungsweise, weder – noch, entweder – oder* verbunden sind.
Man kann in diesen Fällen ein Komma setzen um die Gliederung der Satzverbindung deutlich zu machen.

c) Das Komma trennt Hauptsätze, die ineinander geschoben sind (Parenthese).

Regel 2

Das Komma trennt Haupt- und Nebensätze voneinander.

Regel 3

Zwischen Nebensätzen unterschiedlicher Ordnung steht immer ein Komma.

Regel 4

Zwischen Nebensätzen gleicher Ordnung, die durch *und/oder* verbunden sind, steht in der Regel kein Komma.

Ein **Hauptsatz** ist ein selbstständiger Satz, der im Allgemeinen für sich allein stehen kann. (Ausnahmen sind solche Sätze, bei denen das Subjekt oder Objekt durch den Nebensatz vertreten ist, z. B.: *Ich weiß* [= HS: Was weiß ich?], *dass du mich belügst* [= NS, der das Objekt vertritt, also auch Objektsatz]).

Ein **Nebensatz** ist ein nichtselbstständiger Satz, kann also nicht allein stehen. Man erkennt ihn auch daran, dass die finite (= konjugierte) Verbform am Ende des Satzes steht. Beim Hauptsatz steht sie an zweiter Stelle im Satz.

1. Komma bei Hauptsätzen

a) HS , HS

Ihr sind viele Sünden vergeben , denn sie hat viel geliebt.

b) HS (,) und/oder HS

Froh bin ich und überall zu Hause (,) und so bin ich überall bekannt.

c) HS , HS , HS

Eines Tages , ich habe das Bild noch vor Augen , standst du plötzlich vor mir.

2. Komma zwischen Haupt- und Nebensatz

a) HS , ⇦ NS

Auf dem Dache sitzt ein Greis , der sich nicht zu helfen weiß.

b) NS ⇨ , HS

Wenn der Berg nicht zum Propheten kommt , muss der Prophet zum Berge gehen.

c) HS , NS , HS

Der Mensch , der vorausschaut , ist weise.

3. Komma zwischen Nebensätzen unterschiedlicher Ordnung

a) HS , ⇦ NS 1 , ⇦ NS 2

Er fürchtete sich sehr, als er hörte , dass der Feind näher komme.

b) NS 1 ⇨ , NS 2 ⇨ , HS

Als er hörte , dass der Feind näher komme, fürchtete er sich sehr.

4. Komma zwischen gleichrangigen Nebensätzen, verbunden mit und/oder

a) HS , ⇦ NS 1 und/oder ⇦ NS 1

Ich frage mich, ob er mich liebt und/oder ob er mich betrügt.

b) NS 1 ⇨ und/oder NS 2 ⇨ , HS

Ob er mich liebt und/oder ob er mich betrügt, frage ich mich.

ÜBUNG 1

Entscheiden Sie bei den folgenden Stellen, wo eine Zahl steht, ob ein Komma dahin gehört oder nicht. Schreiben Sie an allen Stellen die Nummer der korrekten Zeichensetzungsregel in die freie Spalte rechts neben dem jeweiligen Satz.

Eine grenzenlose Lebenslust war ein Hauptzug im Charakter meines Vaters (1) er war genusssüchtig, frohsinnig, rosenlaunig. In seinem Gemüte war beständig Kirmes, und wenn auch manchmal die Tanzmusik nicht sehr rauschend [war] (2) so wurden doch immer die Violinen gestimmt [...] Dieses Naturell stand im wunderlichsten Widerspruch mit der Gravität (3) die über sein strengruhiges Antlitz verbreitet war (4) und [die] sich in der Haltung und jeder Bewegung des Körpers kundgab [...]
Er war wirklich ein großes Kind mit einer kindlichen Naivität (5) die bei platten Verstandesvirtuosen sehr leicht für Einfalt gelten konnte [...]
Er witterte mit seinen geistigen Fühlhörnern (6) was die Klugen erst langsam durch die Reflexion begriffen. Er dachte weniger mit dem Kopfe als mit dem Herzen und er hatte das liebenswürdigste Herz (7) das man sich denken kann [...]
Er redete den Dialekt Hannovers (8) wo [...] das Deutsche am besten ausgesprochen wird. Das war ein großer Vorteil für mich (9) dass solchermaßen schon in der Kindheit durch meinen Vater mein Ohr an eine gute Aussprache des Deutschen gewöhnt wurde [...]
In der Sprache der Düsseldorfer merkt man schon einen Übergang in das Froschgequäke der holländischen Sümpfe. Ich will der holländischen Sprache beileibe nicht ihre eigentümlichen Schönheiten absprechen (10) nur gestehe ich (11) dass ich kein Ohr dafür habe. Es mag sogar wahr sein (12) dass unsere eigene deutsche Sprache (13) wie patriotische Linguisten in den Niederlanden behauptet haben (14) nur ein verdorbenes Holländisch sei. *(Gekürzter Text von H. Heine)*

ÜBUNG 2

Setzen Sie im folgenden Text, es sind lauter geflügelte Worte, die nötigen Kommas ein und schreiben Sie jeweils die Nummer der korrekten Zeichensetzungsregel in die freie Spalte rechts neben dem jeweiligen Satz.

Die Sonne schien ihm aufs Gehirn (1) da nahm er einen Regenschirm.
Wenn ich wüsste (2) dass morgen die Welt untergeht (3) würde ich heute noch ein Apfelbäumchen pflanzen.
Erst kommt das Fressen (4) dann kommt die Moral.
Die Möwen sehen alle aus (5) als ob sie Emma hießen.
Das Gute (6) dieser Satz steht fest (7) ist stets das Böse (8) was man lässt.
Musik wird oft nicht schön gefunden (9) weil sie stets mit Geräusch verbunden.
Drum prüfe (10) wer sich ewig bindet (11) ob sich das Herz zum Herzen findet.
Was ihr den Geist der Zeiten heißt (12) das ist im Grund der Herren eigner Geist (13) in dem die Zeiten sich bespiegeln.

Das Komma bei Aufzählungen und Einschüben (Ä 1)

1. Das Komma trennt aufgezählte gleichrangige Satzglieder.
Kein Komma steht, wenn sie durch folgende (nebenordnende) Konjunktionen miteinander verbunden sind: *und, oder, sowie (wie), beziehungsweise (bzw.).*

Bildet ein Substantiv mit einem Adjektiv einen Gesamtbegriff (z. B. *physikalischer Versuch, wirtschaftliche Lage*), so gilt ein weiteres Adjektiv nicht als gleichrangig. Folglich kein Komma: *ein schwieriger physikalischer Versuch, die angespannte wirtschaftliche Lage.*
Gelegentlich darf (!) man selber entscheiden, ob die Adjektive gleichrangig sind oder nicht.

2. Das Komma trennt Satzglieder, die durch adversative (= Gegensätze signalisierende) Konjunktionen aufeinander bezogen sind: *aber, allein, sondern, vielmehr, doch, jedoch.*
Ebenso verfährt man bei folgenden mehrgliedrigen Konjunktionen:
nicht nur..., sondern auch.../einerseits..., andererseits.../bald..., bald.../halb..., halb... /ob..., ob.../teils..., teils...

Kein Komma steht, wenn eng zusammengehörende Satzglieder durch die folgenden mehrteiligen Konjunktionen aufgezählt werden: *weder ... noch/entweder ... oder/sowohl ... als auch.*

3. Einschübe und Nachträge
Als Einschub gilt alles, was man grundsätzlich auch zwischen Bindestriche (als Parenthese) setzen könnte.
Es gibt eine Reihe von Wörtern, die nachgestellte Erläuterungen einleiten: *also, besonders, das heißt (d.h.), das ist (d.i.), genauer, insbesondere, nämlich, und das, und zwar, zum Beispiel (z.B.)*
Hiervor steht immer ein Komma, und falls diese Wortgruppe mitten im Satz steht, muss auch ein schließendes Komma den Einschub beenden.

Folgt eine nachträgliche Erläuterung am Satzende, dann sollte der Nachtrag immer durch ein Komma markiert werden.
Wir warteten zwei Stunden, von eins bis drei.
Er schaute zur Uhr, müde und ärgerlich.
Sie kam endlich, freilich viel zu spät.

4. Das Komma kann bei Infinitiv- und Partizipialgruppen gesetzt werden. In den folgenden Fällen muss es stehen:
- die Wortgruppe wird vorher angekündigt,
- die Wortgruppe steht zwischen Subjekt und Prädikat des Satzes,
- Missverständnisse sollen ausgeschlossen werden.

1. Das Komma bei der Aufzählung gleichartiger Satzglieder

Tim, Anja, Heike, Marko, Uli wollten sonnenbaden, schwimmen	*und* Kurt *oder* surfen.
Es war jedoch trübe, stürmisch	*sowie* zu kalt.
Ihr Urlaubsort lag in Nordkanada	*bzw.* in Alaska.

...kein Komma bei *und, oder, sowie, bzw.*

2. Das Komma bei der Aufzählung entgegengesetzter Satzglieder

Anja und Heike, *aber* nicht Kurt und Marko, segelten, *doch* surften nie.

Teils hassten, *teils* liebten sie das kalte, *aber* klare Wetter.

Nicht nur über Tag, *sondern auch* nachts raste der Wind, *halb* von Osten, *halb* von Westen über die Seenplatte.

...kein Komma bei *weder...noch, entweder...oder, sowohl...als auch*

Sowohl Tim *als auch* Uli saßen *entweder* hinter dem Ofen *oder* lagen im Bett; sie kamen *weder* mit in die Bar *noch* ins Kino.

3. Das Komma bei Einschüben bzw. Nachträgen

Alle Freunde, *und diesmal kam sogar Jim*, trafen sich.

Zwei Mitschülerinnen, *nämlich Eva und Gabi*, halfen uns, *allerdings vergebens.*

Zu den oberdeutschen Dialekten zählen das Alemannische, *hierzu auch das Schweizerdeutsch*, sowie das Bayrische, *also auch sämtliche österreichischen Mundarten.*

Karl der Große, *der König der Franken*, liebte fast eifersüchtig seine Töchter, *insbesondere Emma.*

Die Biologieklausur wird am 4. Oktober, *d. h.* gleich nach dem Feiertag, geschrieben.

Preußens König Friedrich II. missachtete als Schriftsteller das Deutsche, *d. h.*, er schrieb in Französisch.

... hier können Kommas gesetzt werden oder auch nicht

Alle (,) *bis auf Ralf* (,) kamen. Alle (,) *einschließlich Ralf* (,) kamen.

Die neue Schulleiterin (,) *Frau Dr. Hanna Hellmich* (,) hielt eine Rede.

Die Astronauten betraten am Sonntag (,) *den 21. Juli 1968* (,) den Mond.

Herr Hoppeditz (,) Köln (,) *Pappnasenstr. 11b* (,) schwankte heimwärts.

Er suchte (,) *allerdings vergeblich* (,) seine Hausschlüssel.

4. Das Komma bei Infinitiv- und Partizipialgruppen

Sie dachte *daran*, ein Haus zu bauen.

Die Kinder, voll Freude jubelnd, sprangen ins Haus.

Sie versprachen mir, im Garten nicht aufzuräumen.

Sie versprachen mir im Garten, nicht aufzuräumen.

... Komma in allen übrigen Fällen freigestellt

Das Komma bei Aufzählungen und Einschüben

ÜBUNG 1

Beim folgenden Trainingstext handelt es sich – in leicht gekürzter Fassung – um den Anfang des 1951 erschienenen Romans „Tauben im Gras“ von Wolfgang Koeppen. Gegenüber dem Original fehlen hier 43 Kommas.
Fügen Sie – wo nötig oder möglich – die fehlenden Kommas ein.

Flieger waren über der Stadt Unheil kündende Vögel. Der Lärm der Motoren war Donner war Hagel war Sturm. Sturm Hagel und Donner täglich und nächtlich Anflug und Abflug Übungen des Todes ein hohles Getöse ein Beben ein Erinnern in den Ruinen. Noch waren die Bombenschächte der Flugzeuge leer. Die Auguren[1] lächelten. Niemand blickte zum Himmel auf.

[...] Was schrieben die Zeitungen? *Krieg um Öl Verschärfung im Konflikt der Volkswille das Öl den Eingeborenen die Flotte ohne Öl Anschlag auf die Pipeline Truppen schützen Bohrtürme Schah heiratet Intrigen um den Pfauenthron die Russen im Hintergrund Flugzeugträger im Persischen Golf.* Das Öl hielt die Flieger am Himmel es hielt die Presse in Atem es ängstigte die Menschen und trieb mit schwächeren Detonationen die leichten Motorräder der Zeitungsfahrer. Mit klammen Händen missmutig fluchend windgeschüttelt regennass bierdumpf tabakverbeizt unausgeschlafen alpgequält auf der Haut noch den Hauch des Nachtgenossen des Lebensgefährten Reißen in der Schulter Rheuma im Knie empfingen die Händler die druckfrische Ware. Das Frühjahr war kalt. Das Neueste wärmte nicht. *Spannung Konflikt* man lebte im Spannungsfeld östliche Welt westliche Welt man lebte an der Nahtstelle vielleicht an der Bruchstelle die Zeit war kostbar sie war eine Atempause auf dem Schlachtfeld [...]

ÜBUNG 2

In der folgenden „Klage eines pedantischen Amtsstellenverwalters“ fehlen ebenfalls Kommas, und zwar 29 Pflichtkommas. Stilistisch liefert der Text übrigens das schreckliche Beispiel von „Press-Quetsch-Stopf-Sätzen“.
Fügen Sie auch hier die nötigen Kommas ein.

Der Angeklagte Chemielaborant Herr Dr. Ingmar B. der in Bruxholm Wilhelm-Adenauer-Straße 6 2. Stock links wohnt hat die vorliegende handschriftliche mit dem Datum vom 3. März versehene eidesstattliche Erklärung heute am Freitag dem 5. März um 17.30 Uhr also 15 Minuten nach Dienstschluss bei mir Ottokar P. Unterzeichnender abzugeben versucht und trotz meines Einspruchs d. h. auch der ausdrücklichen Belehrung hinsichtlich der Nichtbesetzung der Poststelle einerseits unter Ausstoßung unflätigster Wörter andererseits völlig unbeherrscht einschließlich Beschimpfungen meiner Person im Flur auf den Boden geworfen und zwar so dass ich diese oben genannte eidesstattliche Erklärung unkuvertiert und ohne Eingangsstempel zu mir nahm und das Amtsgebäude nicht nur als Letzter sondern auch im Zustande äußersten Gekränktseins gegen 17.45 Uhr verließ um mich sowohl der Erholung von diesem ärgerlichen allein nicht unüblichen Vorfall als auch der Wiederbekräftigung meiner im Verlaufe der Dienstwoche aufgezehrten beamtischen Arbeitsenergie zu widmen die mir auf unserer hiesigen Amtsgerichtspoststelle teils 100- teils 150-prozentig ständig ob Sommer ob Winter abverlangt wird mir jedoch aufzubringen auch durch solch unangenehmen Publikumsverkehr wie den oben geschilderten bisher nie schwergefallen ist. Um es kurz und in einem Satz zu sagen: Ich muss mir weder Mitschuld an der Verspätung der Eingabe des Angeklagten noch ein Versäumnis der Auskunftspflicht über die Rechtsmittelwahrungspflichten vorwerfen.

Hochachtungsvoll
gez. *Ottokar P.*

1 *Auguren:* Priester im alten Rom; Wahrsager

Kann-Bestimmungen

In der Grafik sind unter 3. die wichtigsten Fälle genannt, bei denen es in Ihrem Ermessen liegt, ob Sie ein Komma setzen wollen/sollten oder nicht. Darüber entscheidet der Aussagesinn.
Dies gilt für beide Kommas
- bei den Einleitungswörtern *einschließlich/bis auf …*;
- bei Eigennamen, die nach Titel oder Berufsangaben folgen;

und für das schließende Komma
- am Ende von Orts-, Zeit- und Wohnungsangaben
- und bei Literaturangaben wie: *Im Rowohlt Literaturmagazin, Heft 38, Sept. 1996, S. 28 (,) schreibt H. Schmitt über Alfred Döblin …*

Achtung!

In drei Fällen, die den vorigen Beispielen sehr ähneln, stehen keine Kommas: (1) bei Eigennamen mit festem Zusatz (*August der Starke*), (2) bei Titeln und zusätzlichen Namen (*Institutsleiter Prof. Dr. Hermann Schmitz*), (3) bei mehrteiligen Hinweisen auf Gesetze, Verordnungen o. Ä. (*Paragraph 6 Abs. 2 Satz 3 des Schulmitwirkungsgesetzes*).

Eine besondere Tücke zeigt sich bei der in Klausuren häufig benutzten Wendung *das heißt*. Diese wird als ganz gewöhnliche Einleitung eines Nachtrages behandelt:
… der sog. Röhmputsch, d. h. die Liquidierung der SA-Führung, war …
Folgt jedoch ein vollständiger Satz (auch Nebensatz), so setzt man sogar die Wendung selbst zwischen zwei Kommas:
Es war klar, dass er flunkerte, d. h., dass er log.

Auch vor *und* muss ein Komma stehen, wenn es einen Einschub einleitet:
Die Sperrgutabholung findet monatlich, und zwar am Dienstag, statt.

„Reine“ Attribute (zwischen Artikel o. Ä. und Substantiv) gelten, auch wenn sie sehr umfangreich sind, nicht als Einschübe. Folglich setzt man keine Kommas.
Beispiel: *der mir von meiner jetzt vegetarisch lebenden Schwester vermachte Bratspieß …*

Überblick: die wichtigsten Regeln (Ä 1 u. Ä 2)

Regeln

1. a) Das Komma trennt nebengeordnete selbstständige Sätze (Hauptsätze).
b) Es steht aber in der Regel kein Komma, wenn solche Sätze durch *und*/*oder* verbunden sind. Ein Komma kann gesetzt werden um Missverständnisse zu vermeiden oder die Satzstruktur zu verdeutlichen.

1. HS , HS
a) Ich liebe dich , mich reizt deine schöne Gestalt.
HS (,) und/oder HS
b) Ihr geht voraus (,) und wir kommen langsam nach.

2. Das Komma trennt Hauptsätze, die ineinander geschoben sind (Parenthese).

2. HS , HS , HS
Eines Tages , es war völlig unerwartet , traf mich das große Glück.

3. Das Komma trennt Haupt- und Nebensätze voneinander. Ist ein Nebensatz in einen Hauptsatz eingeschoben, wird er von diesem durch Kommas abgetrennt.

3. HS , NS
Wir gingen spazieren , obwohl es regnete.

4. Das Komma trennt Nebensätze ungleichen Grades.

4. HS , NS 1 , NS 2
Ich wartete auf dich, bis ich erfuhr , dass du nicht kommst.

5. Das Komma trennt aufgezählte Satzglieder und Nebensätze, die nicht durch eine Konjunktion wie *und, oder, beziehungsweise* verbunden sind.

5. 1 , 2 , 3 und/oder
Amsel , Drossel , Fink und Star…
NS , NS , NS
Ob ich komme , ob ich gehe , ob ich laufe oder stehe…

6. Das Komma trennt die Anrede und die Interjektion (Ausrufe- oder Empfindungswort) vom Satz.

6. Anrede/Interjektion , HS
Lieschen , was machst du denn da?
Ach , ich habe sie verloren.

7. Nachgestellte genauere Bestimmungen werden durch ein Komma abgetrennt bzw. eingeschlossen; immer vor *und zwar, und das, d.h., d.i., z.B., nämlich* u.Ä.

7. Satz oder Satzglied , genauere Bestimmung
Wir müssen etwas tun , und zwar bald.
Hans , mein Bruder,…

8. Das Komma steht vor den adversativen Konjunktionen *aber, sondern, vielmehr, jedoch,* nicht aber vor den Konjunktionen *und, oder, sowie, weder – noch, entweder – oder, sowohl – als auch.*

8. Satz oder Satzglied , adversative (entgegensetzende) Konjunktion
Die Probleme sind nicht gelöst , sondern geblieben.

9. Steht nach einer wörtlichen Rede ein Begleitsatz, setzt man ein Komma. Der Begleitsatz steht in Kommas, wenn er in eine wörtliche Rede eingeschoben ist. Es steht auch dann ein Komma, wenn die wörtliche Rede mit einem Frage- oder Ausrufezeichen endet.

9. „Wörtliche Rede" , Begleitsatz , „Wörtliche Rede"
„Konrad" , sprach die Frau Mama , „ich geh aus(,) und du bleibst da!"
„Ist dir nicht gut?" , fragte er mich.

Von der Rechtschreibung zum sicheren Ausdruck

Lösungen

Die Fehlerzahl senken (S. 4 f.)

1

R 1 (Wortanfang fälschlich kleingeschrieben): mit (dem) Zittern, ans (= an das) Schreiben, mit (dem) Grün oder Violett, das Rote, das Schlimme, etwas Lobenswertes, zum Verzweifeln, das Diskutieren, Erörtern und Interpretieren, das Einfachste, das Benutzen, alles Fehlerhafte, das Richtige, am Schreiben, frisch Verliebte
R 2 (*das*/*dass* vertauscht):
Das stimmt; dass dies oder das; dass die Gesamtnote; das Einfachste wäre; das dürfen wir wohl annehmen
R 3 (Komma vergessen bei Nebensätzen)
Aber auch dann, wenn … korrigierten, würde das…; schreiben Lehrkräfte auch, wo sie… Lobenswertes entdecken, mit roter Tinte…; leicht fällt, unter seinen Arbeiten…; dürfen wir wohl annehmen, wird man am Schreiben…; die man aus dem Urlaub schreibt, und frisch…

2

Beim Erklären (1) von Rechtschreib- und Zeichensetzungsregeln kommen wir, wenn die Sache perfekt gemacht werden soll (3), leider nicht um das Verwenden (1) wichtiger grammatischer Fachbegriffe herum. Was diese Begriffe bedeuten, das (2) erklärt Ihnen unsere „Minimalgrammatik" auf den Seiten 8–21.
Viele Schüler stöhnen (3), obwohl sie sich im Fach Deutsch und auch beim Lernen (1) von Fremdsprachen immer wieder mit Grammatik beschäftigt haben (3), über dieses „Fach-Chinesisch" der Linguisten. Aber wir denken, das (2) ist nicht das Schwierigste (1) auf der Welt. Denn es gibt nur etwa zehn verschiedene Wortarten im Deutschen (1) und die Satzgrammatik, wie kompliziert sie manchem auch erscheint (3), ist nichts Aufregendes (1).
Dass (2) so viele vor der Grammatik fast zu Tode (1) erschrecken, liegt unserer Meinung nach daran, dass (2) den meisten niemals das System im knappen Überblick erklärt worden ist. Und möglicherweise kommt das Verwirrende (1) oft auch daher, dass beim Erlernen (1) von Regeln das grundsätzlich Wichtige (1) unter einem Berg von Ausnahmeregeln verschüttet und der Kern des Sachproblems nicht deutlich sichtbar vor Augen geführt wird. Wir wollen Ihnen dadurch, dass (2) wir bei unseren Trainings immer auch mit Grafiken arbeiten (3), das scheinbar Unübersichtliche (1) anschaulich und einprägsam machen.

Fehleranalyse (S. 6)

1

Es wurden in der Klausur folgende Fehler gemacht: 1 Sa, 4 T, 1 St, 1 Gr, 6 R, 5 Z, 1 Wdh, 4 W, 1[–]
Summe: 24 Fehler. Es sollte zunächst in den Kapiteln zu R und Z weitergearbeitet werden.

Formen des Verbs (S. 11)

1

(Ich) arbeite: 1. Pers. Sing., Präs., Aktiv, Indikativ, Vollverb; *(Das, Es) kostet:* 3. Pers. Sing., Neutrum, Präs., Aktiv, Indikativ, Vollverb; *ich werde verbessern:* 1. Pers. Sing., Futur I, Aktiv, Indikativ, *werde* = Hilfsverb, *verbessern* = Vollverb; *es langweilt:* 3. Pers. Sing., Neutrum, Präs., Aktiv, Indikativ, Vollverb; *zu lesen:* Infinitiv; *ich kenne:* 1. Pers. Sing., Präs., Aktiv, Indikativ, Vollverb; *es ging:* 3. Pers. Sing., Neutrum, Prät., Aktiv, Indikativ, Vollverb; *ich kannte*: 1. Pers. Sing., Prät., Aktiv, Indikativ, Vollverb.

2

ich singe; es wird gesungen; ihr habt gesungen; du wirst singen; es wurde gesungen; wir hatten gesungen.

Der Konjunktiv (S. 12 f.)

1

Konjunktiv-I-Formen: nehme, besprühe, setze, beginne, singe, werde, schreibe, könne, sei, habe, wisse, hinterherlaufe, habe, werde

2

Konjunktiv-II-Formen: könnte, läge, wäre, käme, hätte, wüsste, fände, verliebt hätte (Vorzeitigkeit), verlieben würde („zukünftig"; Nachzeitigkeit).

3

hätte (Konj. II/a); hole (Konj. I/b); (abgegeben) hätte... wären (Konj. II/b); müssten (Konj. II/a); müsse (Konj. I/b); sei (Konj. I/a); käme – nähme (Konj. II/b); getrunken hättet (Konj. II/a)
Der irreale Vergleich *als ob*/*als wenn* kann auch [seltener!] im Konjunktiv I stehen.

4

essen, binden, bergen, beginnen/beginnen, befehlen/befehlen, betrügen, bieten, denken, empfehlen/empfehlen, finden, fliehen, fressen, geben, gelten/gelten, gewinnen/gewinnen, hängen, heben, helfen/helfen, kommen, lesen, lügen, mögen, nehmen, rinnen/rinnen, riechen, sehen, singen, sinnen/sinnen, schwimmen/schwimmen, schwinden, schwören/schwören, spinnen/spinnen, stehlen/stehlen, stehen/stehen, sterben, verderben, sein, werben, ziehen

Die indirekte Rede (S. 14 f.)

1

sei (gewesen), (auf sich gezogen) habe, (sein) dürfe, habe (erwidert), möge (geben), habe (angebrüllt), lege (Wert), sehe, warten, verlasse, werde (erleben)

2

seien (gewesen), (auf sich gezogen) hätten, hätten (erwidert), möchten (geben)
[Beachte: *Möchten* ist die Konjunktiv-II-Form zu *mögen*!] hätten (angebrüllt), legten bzw. würden ... legen, sähen, warteten bzw. warten ... würden, verließen, würden (erleben)

3

Wo ein bisschen verschwinde, könne auch ein bisschen mehr verschwinden, sagte Wilson.

4

hat ... kritisiert: bleibt im Indikativ, weil bereits mittelbare Form der Mitteilung (Faktum) – *ist*: → sei – *fehlen*: → fehlten (nicht *würden fehlen*, da durch das folgende *solle* ausreichend markiert!) – *soll*: → solle – *forderte*: bleibt im Indikativ, weil bereits mittelbare Form der Mitteilung – *müssen*: → müssten – *absitzen*: → absäßen – *müssen*: → müssten

Das Substantiv/Nomen (S. 16 f.)

1

Sommer: mask., Sing., Nom.; *Hersteller*: mask., Pl., Nom.; *Mineralwasser*: Neutr., Sing., Dat.; *Lieferschwierigkeiten*: fem., Pl., Akk.; *Leergut*: Neutr., Sing., Nom.; *Geschäften*: Neutr., Pl., Dat.; *Landwirtschaft*: fem., Sing., Nom.; *Dürre*: fem., Sing., Dat.; *Lagerräume*: mask., Pl., Nom.; *Geschäfte*: Neutr., Pl., Gen.

2

Probleme: Neutr., Pl., Nom.; *Schülerin*: fem., Sing., Gen.; *Rechtschreibung*: fem., Sing., Dat.; *Ausnahmefällen*: mask., Pl., Dat.; *Regel*: fem., Sing., Akk.; *Artikel*: mask., Sing., Dat.; *Duden*: mask., Sing., Dat.

Die Pronomen und Partikeln (S. 19)

1

1. Adverb, 2. Indefinitpronomen, 3. Konjunktion, 4. Demonstrativpronomen, 5. Präposition, 6. Konjunktion, 7. Demonstrativpronomen, 8. Personalpronomen, 9. Demonstrativpronomen, 10. Relativpronomen, 11. Reflexivpronomen, 12. Possessivpronomen, 13. Interrogativpronomen, 14. Personalpronomen, 15. Adverb, 16. Adverb, 17. Konjunktion, 18. Präposition, 19. Adverb

2

1. Demonstrativpronomen (= *diese,* leitet einen Hauptsatz, nicht einen Nebensatz ein), 2. Personalpronomen, 3. Possessivpronomen, 4. Indefinitpronomen, 5. Demonstrativpronomen, 6. Reflexivpronomen, 7. Präposition, 8. Possessivpronomen, 9. Adverb, 10. Präposition, 11. Indefinitpronomen, 12. Adverb

Satzglieder und Nebensätze (S. 21)

1a

1. Temporalsatz, 2. adv. Best. d. Art u. Weise, 3. Attribut- oder Relativsatz, 4. adv. Best. d. Zeit, 5. Konzessivsatz, 6. Präp.-Objekt, 7. Temporal-, nicht Konditionalsatz, 8. Akk.-

Objekt, 9. adv. Best. d. Art u. Weise, 10. Attribut, 11. Objektsatz, 12. adv. Best. d. Zeit, 13. Attributsatz, 14. Finalsatz

1b

NS1, (HS), NS1, NS2, NS2

2a

1. adv. Best. d. Ortes, 2. adv. Best. d. Art u. Weise, 3. Attribut, 4. Attr.- oder Relativsatz, 5. Objektsatz, 6. adv. Best. d. Art u. Weise, 7. Kausalsatz, 8. Akk.-Objekt, 9. adv. Best. d. Art u. Weise

2b

(HS), NS1, NS2, NS3

Das Komma in Satzreihen und Satzgefügen (S. 23)

1

1. Komma = R 1.a)
2. Komma = R 2.b)
3. Komma = R 2.a)
4. Kein Komma = R 4.a)
5.–9. Komma = R 2.a)
10. Komma = R 1.a)
11. Komma = R 2.a)
12. Komma = R 2.a)
13. u. 14. jeweils Komma = R 3.a)
(Es handelt sich um einen NS2, der in einen NS1 eingeschoben ist.)

2

1. Komma = R 1.a)
2. u. 3. Komma = R 3.b) (NS1, NS2, HS)
4. Komma = R 1.a)
5. Komma = R 2.a)
6. u. 7. Komma = R 1.c)
8.–10. Komma = R 2.a)
11. Komma = R 3.a)
12. R 2.b)
13. R 2.a)

Das Komma bei Aufzählungen und Einschüben (S. 25)

1

(Es sind die Zeilenziffer und die Wörter angegeben, zwischen denen ein Komma passt. Die Ziffern in Klammern verweisen auf die Regeln auf S. 24. Achtung: An sechs Stellen müssen Kommas gesetzt werden, weil es sich dort um *Komma bei Satzreihe* handelt; siehe Seite 22!)
Z. 1: Stadt, unheilkündende (3);
Z. 1 f.: war Donner, war Hagel, war Sturm (1);
Z. 2: Sturm, Hagel (1)/Donner, täglich (3)/ nächtlich, Anflug (3);
Z. 3: Abflug, Übungen/Todes, ein hohles Getöse, ein Beben, ein (1);
Z. 6: Öl, Verschärfung/Konflikt, der (1);
Z. 7: Volkswille, das /Eingeborenen, die/Öl, Anschlag (1);
Z. 7–9: Pipeline, Truppen/Bohrtürme, Schah/ heiratet, Intrigen/Pfauenthron, die/Hintergrund, Flugzeugträger (1);
Z. 9 f.: Das Öl hielt ... am Himmel, es hielt ... in Atem, es ängstigte (*Satzreihe*!)
Z. 11–20: Händen, missmutig, fluchend, windgeschüttelt, regennass, bierdumpf, tabakverbeizt, unausgeschlafen, alpgequält, auf/ Nachtgenossen, des/Lebensgefährten, Reißen/Schulter, Rheuma/Knie, empfingen (1) bzw. gegen Schluss auch (3)
Z. 15 f.: Spannung, Konflikt (1), man (*Satzreihe*!) lebte im Spannungsfeld, östliche (3) Welt, westliche (1) Welt, man (schließendes Komma)
Z. 16: Nahtstelle, vielleicht (3)
Z. 17: Bruchstelle, die (3)/Zeit war kostbar, sie (*Satzreihe*; vgl. S. 22)

2

Z. 1: Chemielaborant, Herr (3/Komma kann auch fehlen!) B., der (= *Relativsatz*!) in Bruxholm, Wilhelm- (3)
Z. 2: -Straße 6, 2. Stock, links (3) wohnt, hat (= *Ende des Relativsatzes*!) die vorliegende, handschriftliche, mit (1)
Z. 3–4.: (Zwischen *versehene* und *eidesstattliche* kein Komma, da *eidesstattliche Erklärung* ein fester Begriff!) heute, am (3) Freitag, dem (3) 5. März, um (1) 17.30 Uhr, also (3) ... Dienstschluss, bei (3 = schließendes Komma!) mir, Ottokar P., Unterzeichnender (3)
Z. 4–6: Unterzeichnender, abzugeben (3 = schließendes Komma)/Einspruchs, d. h. (3)/ Poststelle, einerseits (schließendes Komma)
Z. 7–8: (einerseits) ... Wörter, andererseits (2)/unbeherrscht, einschließlich (3)/Person, im Flur (3 = schließendes Komma!)
Z. 8: geworfen, und (3) zwar so, dass (= Komma vor *dass*!)
Z. 10: als Letzter, sondern (2)
Z. 11: verließ(,) um (= *Infinitivgruppe; 4*)
Z. 11–12: ärgerlichen, allein nicht unüblichen (2) Vorfall als auch (kein Komma vor *als auch*!)
Z. 13: (kein Komma zwischen *aufgezehrten* und *beamtischen*, da Gesamtbegriff!) zu widmen, die (Beginn eines Relativsatzes!)
Z. 14: teils 100-, teils (1) 150-prozentig (Dieser Textteil könnte insgesamt auch als Einschub gelesen werden; dann Komma vor dem ersten *teils* und nach *150-prozentig*!)
Z. 14–15: ständig, ob (3) Sommer, ob (2) Winter, abverlangt (3 = schließendes Komma) wird, mir (2) ... schwergefallen ist
Z. 16–21: keine Kommas (vergleiche 2 und 3!)

Überblick: die wichtigsten Kommaregeln (S. 27)

1

Z. 1: Vor *erschienen* und nach *1937* = erweitertes Partizip kann, muss aber kein Komma stehen. (Vgl. Kap. Das Komma bei Aufzählungen und Einschüben.)
Z. 2: Komma vor *deren* = R. 3
Z. 4: vor *und* kann ein Komma gesetzt werden, muss aber nicht. (Vgl. R. 1b!)
Z. 5: nach *zwar* kann, aber muss kein Komma stehen = erweiterter Infinitiv mit zu; vor *aber* Komma = R. 1a bzw. 8
Z. 7: Komma vor *das* = R. 3
Z. 9: Komma nach *vermisst* = R. 5, Komma nach *Schüler* = R. 3 ebenso wie in
Z. 10: nach *hat*; Komma vor *und zwar* = R. 7; Komma vor *weil* = R. 3
Z. 11: vor *die Tat* kann, muss aber kein Komma stehen = erweiterter Infinitiv; Komma vor *weil* = R. 3
Z. 12: Komma nach *will* R. 4; kein Komma vor *und* (vgl. R. 5)
Z. 13: Komma vor *denn* = R. 1a; Komma vor *in dem*
Z. 14: und nach *versteckt hatte* = R. 3; Komma oder kein Komma vor *und er* = R. 1b; Komma vor *dass* = R. 3
Z. 15: Komma nach *jeder*
Z. 16: und *anrührt* = R. 3; Komma nach *stirbt!“* = R. 9; Komma vor *dass* = R. 3
Z. 17: Komma vor *weil* = R. 4; Komma vor *einmal* = angekündigte Infinitivgruppe
Z. 19: Komma vor *weil* = R. 3
Z. 20: Komma vor *das* = R. 4

2

Z. 21: Komma vor *gesteht* und nach *Prozessverlauf*
Z. 23: Komma vor *da* = R. 3
Z. 25: Komma vor *selbstlose* = R. 5; Komma nach *Mädchen* = R. 9
Z. 26: Komma nach *Aussage* = R. 3
Z. 27: Komma vor *obwohl* = R. 3; Komma vor *und* = R. 3 (mit *und* wird der Hauptsatz fortgesetzt, in den ein Nebensatz eingeschoben ist, es muss deshalb ein Komma stehen!)
Z. 29: Komma vor *weil* = R. 3
Z. 30: Komma kann vor *und* gesetzt werden, muss aber nicht = R. 1b
Z. 31: Komma vor *dass* = R. 3; der in 31/32 stehende erweiterte Infinitiv *die Wahrheit zu sagen* muss nicht in Kommas gesetzt werden, die Kommas aber würden hier den Satzbau übersichtlicher machen.
Z. 32: Komma nach *Wahrheit“* = R. 9

Rechtschreibung s – ss – ß (S. 29)

1

Herzass, Atlas, bis, Biss, bisschen, blass, Bus, das, dass, dreißig, Essgeschirr, fast, fasst, Fest, fließen, Fuß, geküsst, Genuss, Glas, Gras, Größe, grüßen, Hass, hast, ist, isst, knusprig, Kuss, Küste, Maß, Maske, Masse, Muskeln, muss, Nachlass, nass, Nuss, passen, Schloss, Schluss, Tross, vermiesen, verpasst, Wasser, wissen

2

floss, geflossen; verließ, verlassen; maß, gemessen;
genoss, genossen; vergaß, vergessen

das – dass (S. 31)

1

dass: 1, 4, 6, 7, 12, 13
das: 2, 3, 5, 8, 9, 10, 11, 14

2

dass: 1, 6, 7, 9, 12, 15
das: 2, 3, 4, 5, 8, 10, 11, 13, 14, 16

Silbentrennung (S. 33)

1

Im Wesentlichen können alle Wörter nach der Regel 1 getrennt werden, andere Regelangaben dienen der Erleichterung.

Text 1:
1. meis-ten = R. 1a)
2. Spre-chen = R. 1c)
3. sin-gen = R. 1a)
4. Saa-les = R. 1b)
5. O-per = R. 1
6. ei-nem = R. 1b)
7. Sil-ben-tren-nung = R. 1 u. 2
8. kon-se-quent = R. 1 u. 2
9. bis-her = R. 1 u. 2
10. ein-zel-nen = R. 1a)

11. hät-te = R. 1a)
12. Dop-pel-laut = R. 1a) u. 2
13. will-kür-lich = R. 1 u.2

Text 2:
1. Fremd-wör-tern = R. 1 u. 2
2. Zu-sam-men-set-zung = R. 1 u. 2
3. Grie-chi-schen = R. 1c)
4. we-nigs-ten = R. 1a)
5. ab-ge-se-hen = R. 1 u. 2
6. Zwei-fel = R. 1b)
7. nach-schau-en = R. 2 u. 1b
8. ein-schal-ten = R. 1 u. 2
9. Recht-schreib-re-form = R. 1 u. 2
10. schwie-rig = R. 1
11. er-leich-tert = R. 1 u. 2

Groß- und Kleinschreibung (S. 35)

1

Z. 1: zum Beispiel; Z. 2: das eine; das andere; der Bedarf; Z. 4: Sortiment; Z. 5: Für die CD (groß, da nach dem Doppelpunkt ein vollständiger, neuer Satz beginnt); CD-Ständer (jedes Substantiv wird in einer durch Bindestrich verbundenen Wortzusammenstellung großgeschrieben!); Z. 7: Ceran-Kochfeld-Reiniger; Z. 8: sagt; Z. 9: zurecht (zurechtrücken, zurechtbasteln u. a., aber: zu Recht bestehen); des Deutschen Werkbundes (Name wie Deutsche Bank); Z. 12: ein paar (unbestimmte Anzahl); Meter (der oder das Meter); Nichts (Beginn einer wörtlichen Rede immer groß); Z. 14: am nächsten (Superlativ von nahe)

2

N: Neu nach der Rechtschreibreform
Z. 1: das Erreichte, in Bezug auf (N)
Z. 2: das Beste (N); Z. 3: zu guter Letzt, überhand genommen (N – neu ist die Getrenntschreibung); Z. 4: im Großen und Ganzen (N); Z. 6: des Weiteren (N); Z. 7: von Seiten (N – neu ist nun richtig, es gibt außerdem auch vonseiten); Z. 8: rechtens (N); Z. 10: zu Ungunsten (N ist nun richtig, es gibt außerdem auch zuungunsten)

Zusammen- und Getrenntschreibung (S. 37)

1

Komposita-besessen,
Sprachpflege-Hohepriester, händeringend,
lautstark, Technik-, Konsum- und
Werbesprache, schaumreguliert, ätnagrau,
Krawattenmuffel, fernsehmüde,
Vitamin-B-haltig, CO_2-Gehalt,
unheilschwanger, sternbekränzt,
Knabenmorgen-Blütenträume,
Die-Wörter-aneinander-Reihen, zigfach,
Fernschnellguttransport (bzw. Fernschnellgut-Transport), Din-A4-Kopie,
Filter-Luftansaugstutzen (nicht: Filterluft-Ansaugstutzen!), 5%-Klausel (ausgeschrieben: Fünfprozentklausel) bzw. Fünfprozent-Klausel

2

beieinander sein/zusammenlegen/zueinander legen/leicht schräg/seitlich schräg/längsseits gehen/kurz treten/eintreten/dazwischentreten/grau verhangen/ernst blickend/oben erwähnt/so wenig(e)/jäh unterbrochen/so genannt/eisig kalt/gräulich grün/heilig sprechen/leicht verdaulich/schwer verletzt/wehklagend/Schuld sein/Pleite gehen/angsterfüllt/mittwochabends/am Mittwochmorgen

Fremdwörter (S. 39)

1

rationaler, rationell, Café, Kaffee, medizinisch, Zigarette, Telefon, Zirkus, Egoismus, Telefongespräch, Happy End oder Happyend, Museen, emotional

Ausdruck – falsch oder unangemessen? (S. 43)

1

1. Vermischung von Formal- und Inhaltsebene: *Im 3. Abschnitt des Kapitels wird geschildert, wie... Er begrüßt den Kellner* (vgl. Z. 27). 2. Falsche Wortwahl: statt *preisgeben*: *nach außen zeigen, zur Schau stellen* 3. *hochgestochen u. geschwollen*: besser: *manieriert u. affektiert*. 4. Zwei sinnentstellende Rechtschreibfehler führen zu Doppeldeutigkeiten, also: *vergisst* und *sich nach außen hin gibt*, außerdem falscher Satzbau: *...vergisst und die nicht so sentimental ist...* 5. *stark* = ugs., besser *eindringlich* oder *intensiv*, 6. Falsche Wortwahl, nicht *durchziehen*, sondern *durchsetzen*; statt *einschüchternd* (Partizip I, Aktiv): *eingeschüchtert* (Partizip II, Passiv) 7. *Faber ... sucht einen Baum um darunter zu lagern*. 8. Vgl. 1: *Zu Anfang der Rede stellt R. v. W. eine Reihe von Fragen* (rhet. Figur der Akkumulation). 9. *flippt er aus* = ugs., besser: *gerät er außer sich*.

Formulierungsprobleme (S. 45)

1

Mein Onkel
1. ...ist mein Erbonkel.
2. ...stinkt nach Geld.
3. ...verfügt über erhebliche finanzielle Mittel, von denen ich einen Teil erben werde.
4. ...hat fette Kohle.
5. ...hat viel Geld.

Wiederholungen (S. 46 f.)

1

Die ständige Wiederholung von „Büchner schreibt..." fällt stilistisch unangenehm auf, weil der Eindruck von Monotonie und Einfallslosigkeit entsteht.
Synonyme für Büchner sind: *er, der Verfasser, der Autor...*
Synonyme für „schreibt" sind: *führt aus, behauptet, meint...*
Vorschlag für eine stilistisch bessere Variante: Im vorliegenden Brief Georg Büchners an seine Familie vom 28. Juli 1835 schreibt der Verfasser, dass der „dramatische Dichter [...] nichts als ein Geschichtsschreiber" (Z. 16 f.) sei. Er führt weiter aus, dass der Dichter über dem Geschichtsschreiber stehe (vgl. Z. 17 f.). Büchner behauptet dann, dass der Dichter „die Geschichte zum zweiten Mal erschafft" (Z. 18 f.).

2

Vorschlag für eine stilistisch bessere Variante: Als ich an der Kreuzung Kölner Str./Kruppstr. stand, sah ich deutlich, dass die Ampel grün war. Also fuhr ich über die Kreuzung, auf der mich plötzlich ein mit hoher Geschwindigkeit von rechts kommendes Auto rammte. Nach diesem Unfall wurde ich ohnmächtig. Als ich wieder zu Bewusstsein gekommen war, versorgte mich zunächst ein Notarzt. Danach brachte mich ein Rettungswagen ins Krankenhaus, wo ich operiert wurde. Anschließend musste ich zwei Wochen im Krankenhaus bleiben.
Mit freundlichen Grüßen...

Unklare Beziehungen (S. 49)

1

1. soll; 2. sendet; 3. wurde; 4. hatte; 5. erwähnten; 6. sucht; 7. tanzte (tanzten); 8. sind; 9. ist; 10. ist (sind); 11. lockte; 12. ist (sind); 13. fühlten; 14. genießt; 15. haben ... uns; 16. hat

2

1. werden; 2. wurde; 3. lag/lagen; 4. wurden; 5. zeigten; 6. sind

Satzbau: Die Sache auf den Punkt bringen! (S. 50 f.)

1

Die Sätze könnten folgendermaßen lauten:
1. Jetzt gibt es einen neuen Frühstücksquark. Die Kräutermischung schmeckt vor allem nach Thymian.
2. Der Weg führte ins Tal hinab, das in der Sonne lag.
3. Die Regierung behauptet, dass sie von Waffenverkäufen nichts gewusst hat.
(Die Feststellung im Hauptsatz ist nichts sagend und überflüssig: Alle Regierungsäußerungen sollten den Bürgern „zu denken geben". Vom Kontext ist es abhängig, ob man dem – nun veränderten – Satz noch folgen könnte:) Das ist eine Ausrede./Das glaubt jedoch niemand./Das muss sehr bezweifelt werden./Das ist ein Skandal...

2

Der unübersichtliche Satzbau geht mit einer unkonzentrierten Gedankenführung einher. Der Schreiber hat die „Hauptsachen" gedanklich nicht auseinander gehalten.
– Der Hauptsatz wurde auseinander gerissen und über die Satzperiode verstreut: *Die Chemieklausur... musste... verschoben werden...*
Schlimm für den Satzbau ist auch, dass zum Schluss unnötig viele Nebensätze konstruiert werden. Durch die häufige Verwendung von *dass* ergibt sich (fast) eine „Treppe".
– Wird die Satzperiode nach „Hauptmitteilungen" auf Einzelsätze aufgeteilt, fallen viele unnötige Wörter weg. Der Text wird um die Hälfte kürzer, aber vor allem klarer.
Vergleichen Sie Ihre Lösung mit dem folgenden Vorschlag:
Jahrgangsstufe 11:
Die Grundkursklausur Chemie musste auf einen Termin in der zweiten Junihälfte verschoben werden.
Durch undichte Stellen im Flachdach des Oberstufengebäudes war nachts so viel Regen eingedrungen, dass es völlig unmöglich war, die Klausur dort zu schreiben.
Ein anderer Raum war nicht rechtzeitig zu finden.
Zum Glück lag der ursprüngliche Termin so früh, dass die Verlegung der Klausur die Kursteilnehmer nicht belastete.

Unpassende Bilder und Vergleiche (S. 53)

1

a1; b 4; c 6; d 2; e 1 (auch 3); f 5; g 3; h 3; i 4; j 4

2

Durchweg herrscht die Verwendung klischeehafter Bilder vor (Nr. 6): *Schweiß geflossen – graue Wochen der Vorarbeit – gebührt Lorbeer – unermüdlich gekämpft – Steine aus dem Weg geräumt – brauchen Kunst wie tägliches Brot – versüßt den Alltag – stimmt kritisches Lied an – hält Spiegel vor – geißelt Gedankenlosigkeit – verstricken – silberner Kahn gleitet – auf größere Ufer hinausschauen.*

Bildbruch (Nr. 1): *Schweiß der grauen Wochen – Steine mit Charme aus dem Weg räumen – Alltag, der sich hektisch dahinschleppt – Kunst hält mit spitzem Pinsel Spiegel vor – in Gedankenlosigkeit verstricken – Musen der Kunst – Computer-Bildschirme zuklappen – von Bildwerken auf die Festplatten der Seele speichern.*

Der letztgenannte Bildzusammenhang (Computer – Bildschirm – Festplatte) kann ein Beispiel dafür sein, dass man nicht nur mit herkömmlichem Bildmaterial ins Klischee (Nr. 6) abrutschen kann, sondern auch, dass man sich modernistisch geben will. Ebenfalls scheinen die Bilder hier zu weit hergeholt (Nr. 2). Das ist auch der Fall, wenn die Nachnamen der Mitarbeiterinnen (*Kempf* und *Runge*) für die Beschreibung der vollbrachten Tätigkeit (*gekämpft, gerungen*) herhalten müssen.

Dies steht bereits im Zusammenhang mit dem Überstrapazieren, Zu-lange-im-Bild-Bleiben (Nr. 5): *silberner Kahn – an der Reling stehen – nach* (nicht: *auf*) *Ufer(n) hinausschauen.* Ebenso gehört hierhin (Nr. 5) der allzu bekannte Verweis auf das Stammwort „greifen“: *er-greifen – be-greifen – an-greifen.*

Ein Stilbruch (Nr. 4) liegt in jedem Falle vor, wenn zu *hektisch – zäh – dahinschleppen* die umgangssprachliche Vokabel *schlabbrig* tritt.

Wer Metaphorik eingehender verstehen und sich auch darin üben möchte, dem sei folgendes Arbeitsbuch empfohlen: *Meckling, Ingeborg*, Metapher. Einführung in bildhaftes Denken und Schreiben (in: Materialien für den Kurs- und Projektunterricht, Kommunikation und Sprache), Verlag Moritz Diesterweg, Frankfurt a. M. 1987.

Allgemeiner, aber mit einem umfangreichen Textteil, der Redebeispiele enthält und zum Klausurüben dienen kann, ist: *Schlüter, Hermann,* Grundkurs der Rhetorik. Mit einer Textsammlung, dtv wissenschaft (Nr. 4149), München [8]1983.

Undifferenzierter Wortgebrauch (S. 55)

1

Man müsste, wenn man diese Arbeit korrigieren wollte, fast jeden Satz neu formulieren. Dieser Text kann in seinem undifferenzierten Wortgebrauch allenfalls als Abschreckungsbeispiel dienen. Deshalb sei hier nur auf besondere Schwachstellen verwiesen:

Z. 1: *alle Punkte* (unpräzis, würde auch durch Begriffe wie „filmische Kriterien“ nicht viel besser); Z. 2: Der *ganze* Film ist *ganz* toll gemacht (nichts sagend); Z. 3/4: *die verschiedensten Charaktere* (nichts sagend); *seine ganze Art* (nichts sagend); Z. 5: *irgendwie* lustiger (nichts sagend, auch Vergleichsbeispiel fehlt); Z. 5–7: fünfmal das Wort „anders“ in nichts sagender Bedeutung; Z. 7: *eh* (Füllsel) Z. 8: *einfach* (Füllsel) nur *positiv* (Klischee), *in jeder Hinsicht* (nichts sagend); Z. 10: *normalen* (sagt nichts zur Kennzeichnung des Unterrichts aus); Z. 11/12: *Dinge* (unpräzis); eine *ganz andere* Richtung (nichts sagend); Z. 12/13: *Sachen* (unklar) aus vielen *verschiedenen* Perspektiven (nichts sagend); Z. 14: Begriffe „negativ“ und „positiv“ (Klischees, Schlagwörter); Z. 14/15: (verworren, unverständlich); Z. 16: *freilich* (Füllsel); Z. 20: *viele Sachen* (nichts sagend); Z. 21: *anderes* (nichts sagend); Z. 21/22: *normalen* (undifferenziert, Bedeutungsgehalt unklar); Z. 24/25: *aus verschiedenen Positionen* (nichts sagend).

Lesen, markieren, exzerpieren und konspektieren (S. 61)

1

Jeder sollte sein eigenes Markierungssystem finden, deshalb wird auf Vorschläge zur Markierung verzichtet. Die Markierung sollte folgende Aspekte zur Erschließung des Textes berücksichtigen:

<u>I Aufbau und Inhalt</u>

<u>Thema:</u> Die Vermarktung des Sterbens als öffentliches Unterhaltungsprogramm durch *Bild*

<u>Gedankenschritte:</u>

1. Der Galgenberg im Mittelalter als Ort öffentlichen Vergnügens (Einleitung)
2. *Bild* (seine Geschäftsstellen und Kioske) als Ort vergleichbaren heutigen Vergnügens. In beiden Fällen öffentliche Befriedigung voyeuristischer Freude am Leiden und Sterben anderer Menschen.
3. Beispiele:
   a. Das Sterben H. Rosenthals
   b. Sterben von Aidskranken
4. Zusammenfassung: *Bild* als perfektes Unterhaltungsprogramm zum Thema: Sterben.
5. Frage nach den Ursachen für dieses makabre Vergnügen der Menschen:
   a. Sensationsbedürfnis
   b. Machtbedürfnis (Hinweis auf Canettis Studie „Masse und Macht“). Das Gefühl, andere zu überleben, suggeriert Macht und Unsterblichkeit.

<u>II Textsorte</u>

Zeitungsartikel, im engeren Sinn: Glosse = (oft ironischer oder polemischer) Kommentar zu einem aktuellen politischen oder kulturellen Ereignis oder Thema

<u>III Intention</u>

Bloßstellung der schamlosen Vermarktung menschlichen Leidens durch ein publizistisches Organ, das sich dabei niedere menschliche Motive zu Nutze macht

<u>IV Stilmittel</u>

Auffälligstes Mittel ist das der Ironie, z. B. die ironische Verfremdung einer vertrauten Vorstellung. Vgl. Untertitel: nicht Brötchen, sondern „Aids und Krebs frisch auf den Tisch“, vgl. auch letzte Zeile: Die Schlagerzeile „Eine Frau wird erst schön durch die Liebe“ wird zu „Sterben wird mit *Bild* erst schön“. Dieser letzte Satz enthält zugleich die Vereinigung des scheinbar Unvereinbaren: Das Sterben wird zur trivialen Schlagerzeile herabgewürdigt. Die gleiche Coincidentia oppositorum (das Zusammentreffen von sich scheinbar ausschließenden Gegensätzen) in: „je blutiger, desto lustiger“ (durch die Assonanz des zweifachen „..ú[s]tiger“ noch pointiert) oder „Sterbe-Show“ oder „Vierteilung und Räderung“ bringen „<u>F</u>arbe und <u>F</u>reude“ ins Leben (auch hier Zuspitzung durch die Alliteration F), die gleiche Erscheinung schließlich in der Gegenüberstellung der *Bild*-Zitate von „erster (keuscher) <u>L</u>iebe“ und „bisexueller (verwerflicher) <u>L</u>aune“ u. a.

Der Brief (S. 70)

1

Der Absender beachtet folgende elementare Grundregeln der schriftlichen Kommunikation nicht:

Bei einer schriftlichen Mitteilung sollte mindestens deutlich werden:

- *Wer* schreibt? (Absender, Unterschrift)
- *Wann* schreibt der Absender? (Datum)
- *Wem* schreibt der Absender? (Adressat)
- Welches ist der *Grund/Anlass* seines Schreibens? (Überschrift, Betreffzeile)
- Welches ist der *Inhalt* seines Schreibens? (genauer Sachverhalt)
- Ist die *äußere Form* dem Schreibanlass und dem Inhalt des Schreibens angemessen?

2

Die *Anschrift des Absenders* fehlt (mit Telefonnummer). Die *Adresse des Adressaten* fehlt (Anschrift der Schule). Der *Betreff* fehlt (Wechsel eines Leistungskurses in 12/I). Die *Anrede* ist zu vertraulich (besser wäre: „Sehr geehrter...“). Der *Sachverhalt* ist zu ungenau: Die schlechten Leistungen des betreffenden Halbjahres in Noten benennen! Welcher Leistungskurs soll gewechselt werden? Welcher neue wird gewünscht? Fächer nennen! Die *Grußformel* fehlt (Mit freundlichen Grüßen).

Veränderungen nach der Rechtschreibreform (S. 79)

1

Z. 1: im Großen und Ganzen; gewiss
Z. 2: muss
Z. 3: Arbeitsprozess
Z. 4/5: Missgeburt; in Bezug; das Komma vor *und dieses* verdeutlicht den Satzbau
Z. 6: weit reichende
Z. 7: sodass oder auch: so dass
Z. 8: bis ins Kleinste
Z. 9: lässt; dass
Z. 10: des Weiteren
Z. 11: muss
Z. 12: ohne dass
Z. 14: das Komma vor *und es gab…* kann, muss aber nicht stehen
Z. 17: auch: potenziell

ÜBUNG 1

Setzen Sie die fehlenden Kommas ein.

Der Roman „Jugend ohne Gott“ von Ödön von Horvath erschienen 1937 schildert die Erlebnisse eines Gymnasiallehrers mit etwa vierzehnjährigen Schülern deren faschistisches Verhalten zu Beginn der NS-Zeit deutlich wird. Der Lehrer ist der Ich-Erzähler des Textes und so wird das Geschehen aus seiner subjektiven Perspektive kommentiert. Der Lehrer bemüht sich zwar seine Schüler zu verstehen aber es gelingt ihm nicht.

Der größte Teil der Handlung spielt in einem vormilitärischen Ausbildungslager das zum Schauplatz eines Verbrechens wird. Ein Junge wird nach einer Übung im Wald vermisst gesucht und schließlich tot aufgefunden. Ein Schüler der mit dem Toten das Zimmer geteilt hat wird verhaftet und zwar deshalb weil er sich selbst fälschlicherweise bezichtigt die Tat begangen zu haben. Er tut dies weil er ein Mädchen schützen will das er während des Lageraufenthalts kennen gelernt hat und das er für die Täterin hält. Man zweifelt nicht an seinem Geständnis denn ein Kästchen in dem er sein Tagebuch versteckt hatte war aufgebrochen worden und er hatte geglaubt dass der tote Schüler heimlich in seine Geheimnisse eingedrungen war. „Jeder der mein Kästchen anrührt stirbt!“ hatte er vorher gedroht. Schließlich aber stellt sich heraus dass ein Mitschüler die Tat begangen hat weil er immer schon neugierig darauf war einmal die Augen eines Toten zu sehen.

Der Lehrer fühlt sich am Tod des Schülers mitschuldig weil er das Tagebuch heimlich gelesen hat das in dem Kästchen verschlossen war.

Überprüfen Sie im Lösungsheft, ob Sie die Kommas richtig gesetzt haben.

ÜBUNG 2

Setzen Sie auch in die Fortsetzung des Textes die fehlenden Kommas ein.

„Herr Präsident“ gesteht der Lehrer im Prozessverlauf „ich habe das Kästchen des Schülers aufgebrochen.“ Dieses Geständnis verlangt von ihm sehr viel Mut und Selbstüberwindung da er vorher bei den polizeilichen Verhören nichts davon erwähnt hat und da er sich als Lehrer mit dieser Aussage natürlich kompromittiert. Dieses mutige selbstlose Geständnis beeindruckt das Mädchen in das sich der beschuldigte Schüler verliebt hatte. Es macht daraufhin eine Aussage die den Angeklagten entlastet. Sie sagt die Wahrheit obwohl sie sich selbst damit belastet und kommt deshalb in Untersuchungshaft.

Der Mord bewirkt so am Ende noch etwas Gutes weil er nämlich die Gemüter einiger Jugendlicher wachrüttelt. Sie stehen auf einmal zur Wahrheit und sie finden damit nach Auffassung des Autors zu Gott. Der Autor glaubt dass in dem Wunsch die Wahrheit zu sagen Gottes Augen sichtbar werden. „Denn Gott ist die Wahrheit“ meint der Erzähler.

s – ss – ß: Vokaldehnung/Vokalschärfung (Ä 3)

Da es für das ß keinen Großbuchstaben gibt, wird bei Großschreibung SS geschrieben, z. B. GROSSMARKT

Vokale (Selbstlaute): a, e, i, o, u, auch die Umlaute ä, ö, ü
Sie können kurz (scharf) oder lang (gedehnt) gesprochen werden:
– kurz: *Alter, Endung, unten*
– lang: *Abend, Esel, Ufer*

Konsonanten (alle Buchstaben des Alphabets außer den Vokalen und Diphthongen): b, c, d, f, g, h usw.

Stimmhafter (weich gesprochener) s-Laut: z. B. *lesen, grasen, weise*

Stimmloser (scharfer, hart gesprochener) s-Laut: z. B. *Kuss, muss, Gruß, Fuß*

Änderungen innerhalb der Stammformen beachten:
fließen – floss – geflossen
essen – aß – gegessen
schießen – schoss – geschossen

Das grundsätzliche Problem: die Laut-Buchstaben-Zuordnung

Stellen Sie sich vor, jemand hört ein ihm bisher unbekanntes Wort und soll es nun aufschreiben – oder umgekehrt: jemand (z. B. ein Schulanfänger, der gerade lesen lernt) sieht eine Buchstabenfolge vor sich und soll diese nun aussprechen. In beiden Fällen handelt es sich um das Problem der Laut-Buchstaben-Zuordnung und die lässt im Deutschen Schreibvarianten zu.

Was schreiben Sie also, wenn Ihnen jemand das folgende Wort diktiert:
Alfabeet – Alfabeth, oder richtig: Alphabet?

Beim Vorlesen stellt sich z. B. die Frage, ob ein Vokal kurz (scharf) oder lang (gedehnt) gesprochen wird, z. B. *Graben* (lang), *ab* (kurz).

Vokaldehnung – Vokalschärfung

In der Regel folgt einem langen Vokal im Wortstamm ein Konsonant, z. B. *leben*; einem kurzen Vokal im Wortstamm folgen meist zwei Konsonanten, z. B. *lang, Kraft*.

Zu beachten sind aber folgende Besonderheiten:
- **Vokaldehnung** durch Verdoppelung (z. B. *Waage*) oder folgendes h (z. B. *lahm*) oder folgendes e (z. B. *Liebe*)
- **Vokalschärfung** durch Verdoppelung des folgenden Konsonanten (z. B. *Affe, Ebbe, immer, gönnen, knurren*)

Die letztere Regel für die **Vokalschärfung durch Verdoppelung des folgenden Konsonanten** wird nach der Rechtschreibreform im Zusammenhang mit dem s-Laut angewendet, was zudem den Vorteil hat, dass konsequenter nach dem Stammprinzip geschrieben wird:

hassen – er hasst – der Hass

Das **ß** wird konsequenter **zum Anzeigen der Vokaldehnung** verwendet, z. B. *Gruß, Maß, (sie) hieß.*

Schreibung: ss

Folgt nach einem betonten kurzen Vokal ein stimmloser (scharfer) s-Laut, dann schreibt man ss:
- im Wortinnern, z. B. *lassen*
- vor Konsonant, z. B. *er lässt*
- am Wortende, z. B. *auf ihn ist Verlass*

Achtung:

Ausnahmen!
Nicht ärgern, einfach lernen!

Ausnahmen:
Hier sind sie also wieder: die leidigen Ausnahmen, die man einfach nur lernen kann und die schwer einsehbar sind, schreibt man doch:
Bus – aber: Kuss (von küssen), das (Artikel) – dass (Konjunktion),
Albatros – aber: der Tross (Gefolge, Haufen), bis – der Biss
Atlas – aber: Nachlass (von nachlassen),
Wörter auf -nis *(Geheimnis)*, -as *(Ananas)*, -is *(Iris)*, -os *(Rhinozeros)*, -us *(Diskus)*, -ismus *(Expressionismus)* immer mit -s, weil der Vokal der Endung nicht betont wird!

Tipp

Die betreffenden Ausnahmen sind oft Fremdwörter *(Globus)* oder sehr kurze Wörter *(bis, was, es)*.

Schreibung: ß

Folgt nach einem betonten langen Vokal oder einem Diphthong (au, ai, ei, äu, eu) ein stimmloser (scharfer) s-Laut, dann schreibt man ß:

– im Wortinnern, z. B. *gießen*
– vor Konsonant, z. B. *er gießt*
– am Wortende, z. B. *Maß*

Diphthonge (Doppel-, Zwielaute): au, ai, ei, äu, eu (gelten als lang gesprochen)

Aber Vorsicht! Für die Auslautverhärtung des stimmhaften s-Lauts gilt diese Regel *nicht*, man schreibt weiterhin: *er las* (wie *lesen* mit stimmhaftem s-Laut), *Gras* (wie *grasen*), *Eis* (wie *eisig*), *Preis* (wie *Preise*), *Haus* (wie *Häuser*) usw.

Vorsicht:

„Auslautverhärtung“ (z. B. Gras)!

Schreibung: s

In allen anderen Fällen schreibt man s:

– am Wortanfang, z. B. *Skandal, Sand, suchen*
– im Wortinnern für den stimmhaften (weichen) s-Laut, z. B. *Vase, glasig*
– vor Konsonant und am Wortende, wenn im Wortstamm oder in verlängerten Formen der s-Laut stimmhaft ist, z. B. *sie liest* (vor Konsonant t), *er las* (von *lesen*, s im Wortstamm), *Glas* (bei Verlängerung: *Gläser*)
– in Verbindung mit einem anderen Konsonanten, was eine Vokalschärfung bewirkt: st, sk, sp – z. B. *Weste, Maske, Wespe*

Schreibung: sss

Dazu kann es bei Wortverbindungen kommen, z. B. *Flusssand, Flussstrecke, Genusssucht, Schlusssatz, Bassstimme, Bissstelle*.
(Hier ist die Schreibung mit Bindestrich möglich, z. B. *Fluss-Sand* usw.)

ÜBUNG 1

Ergänzen Sie die folgenden Wörter: s – ss – ß?

Herza___, Atla___, bi___ (dann), Bi___ (von beißen), bi___chen, bla___, Bu___, (Artikel, Relativpronomen:) da___, (Konjunktion:) da___ (vgl. dazu S. 30), drei___ig, E___geschirr, (beinahe:) fa___t, (sie) fa___t (an), Fe___t, flie___en, Fu___, gekü___t, Genu___ (wie genießen), Gla___, Gra___, Grö___e, grü___en, Ha___, (du) ha___t (gelacht), (sie) i___t (gekommen), (sie) i___t (nimmt Nahrung auf), knu___prig, Ku___, Kü___te (des Meeres), Ma___, Ma___ke, Ma___e, Mu___keln, (er) mu___, Nachla___, na___, Nu___, pa___en, Schlo___, Schlu___, (Gefolge, Anhang:) Tro___, (vergraulen:) vermie___en, verpa___t, Wa___er, wi___en.

Unterscheiden Sie:

bis (bald) – (er) *biss* (ein Stück ab)
das (Artikel, Relativpronomen) – *dass* (Konjunktion; vgl. S. 30)
(er) *ist* (gekommen) – (er) *isst* (ein Brot)
(beinahe:) *fast* – (er) *fasst* (ihre Hand)
(du) *hast* (gesungen) – (sie) *hasst* (ihn)
Küste (des Meeres) – (sie) *küsste* (ihn)
Masse (Menge) – *Maße* (von *Maß*)
weiß (als Farbe, auch: er *weiß*) – *Weisheit* (von *weise*)

ÜBUNG 2

Notieren Sie zu folgenden Infinitiven die 3. Pers. Sing. Prät., Aktiv, Indikativ und das Partizip II:

fließen ______________________________

verlassen ______________________________

messen ______________________________

genießen ______________________________

vergessen ______________________________

das – dass (Ä 3)

Bei der Schreibung von *das* als Artikel oder Demonstrativpronomen werden selten Fehler gemacht. In der Hauptsache geht es hier um die Unterscheidung des Relativpronomens *das* und der Konjunktion *dass* am Anfang von Nebensätzen.

Unterscheidungshilfen

1. Ersatzprobe: Lässt sich für das den Nebensatz einleitende Wort *dieses* oder *welches* einsetzen, ist es Relativpronomen: *das*.

2. Pluralprobe: Lässt sich, ohne den Satzinhalt zu verändern, für das einleitende Wort ein pluralisches *die* einsetzen, so ist es ebenfalls: *das*.

3. Negatives Ergebnis: Haben weder Ersatzprobe noch Pluralprobe zum Erfolg geführt, so ist es Konjunktion: *dass*.

4. Weitere Erkennungsmöglichkeiten liefert die Grammatik.
Vor *dass* als Konjunktion gehört immer ein Komma (vgl. Nebensatzarten mit *dass*!). Ein Komma steht jedoch auch vor *das* als Relativpronomen. In diesen Fällen gilt *das* als Satzglied. Also lassen sich darauf die Suchfragen (*Wer oder was? Wen oder was? In was? Gegen was?* usw.) anwenden und beantworten. Klappt das, handelt es sich um relativisches *das*. Fällt das Ergebnis negativ aus, so ist es *dass*!

Wie man früher schrieb

In alt- und mittelhochdeutscher Zeit kümmerte man sich eher um die Beschaffung der stets raren Schreibutensilien als um die orthografische Unterscheidung von Artikel *das*, Pronomen *das* oder Konjunktion *dass*. Anfangs kratzte man mit den Federkielen ein *daz* (später dann auch *das*, *dass*) aufs Pergament. Ein Vers aus dem Nibelungenlied (um 1200) mag die wunderbare Identität zeigen: „Do liebt' in diu reise *daz* si komen in *daz* lant." (Übersetzung: „Da war ihnen lieb zu reisen, dass sie in das [= dieses/jenes] Land kämen.")

Die Neuregelung der Rechtschreibung hat für die Schreibung von *das*/*dass* zwar eine Änderung gebracht, das Hauptproblem aber leider nicht beseitigt: Die beiden Wörter klingen gleich, ob man sie nun mit „einfachem" s, mit Doppel-s oder – wie früher – mit „altem" ß schreibt. Und oft sind sie auch nicht daran zu unterscheiden, was ihre Stellung und Rolle im Satzgefüge (Einleitung eines Nebensatzes) angeht.
Folglich wird die Unterscheidung zwischen *das*/*dass* eine der Hauptfehlerquellen der Rechtschreibung bleiben. Jeder, der hier nicht sicher war, musste immer schon als Entscheidungshilfe auf seine Kenntnisse in Wort- und Satzgrammatik zurückgreifen. **Das** war so; **das** bleibt auch leider so; **dass** es der Teufel hole!

Die Grafik zeigt die unterschiedlichen Rollen, die „das/dass" von der Grammatik her einnehmen kann. Denn eine solide Auskunft über die richtige Schreibung können Sie sich letztlich nur dort holen.

Artikel
Ein (sächliches) Substantiv folgt nach.

Demonstrativpronomen
das (da), das (dort);
ähnlich: *jenes, dasjenige*

das ⟷ oder ⟷ **dass**

Achtung!

Relativpronomen
leitet einen Nebensatz ein, kann ersetzt werden durch *welches; auf welches, an welches, in welches, durch welches* bzw. *für welches* und ist immer satzgliedwertig.

Konjunktion
leitet einen Nebensatz ein, ist unveränderlich/unflektierbar.

1. **Inhaltssätze** (Subjekt- und Objektsätze):
Dass du mich anrufst, ist nett.
Ich weiß genau, *dass* du da bist.

2. **Adverbialsätze** (Folge, Zweck):
Es qualmt so, *dass* alle husten.
Gib ihm Geld, *dass* er schweigt.

3. *Dass* in Verbindung mit Konjunktionen, Adverbien oder Präpositionen:
Das Auto ist zu alt, *als dass* sich eine Reparatur noch lohnen würde.
(Ähnlich: *ohne dass…; geschweige dass…; kaum dass…; auch dass…*)
In der Hoffnung, *dass* Anne auf ihn wartete, betrat er das Café.
(Ebenso: *dadurch, dass…; vorausgesetzt, dass…; aus Angst, dass…*)

ÜBUNG 1

Der hier vorgelegte Trainingstext bringt Auszüge aus dem ersten Kapitel des Romans „Der Prozess“ von Franz Kafka.
Überprüfen Sie die Schreibung von das/dass. Streichen Sie die falsche Version durch.

Jemand musste Josef K. verleumdet haben, denn ohne *das/dass* (1) er etwas Böses getan hätte, wurde er eines Morgens verhaftet. […] „Sie dürfen nicht weggehen, Sie sind ja verhaftet.“ – „Es sieht so aus“, sagte K. „Und warum denn?“, fragte er dann. „Wir sind nicht dazu bestellt, Ihnen *das/dass* (2) zu sagen. […] *Das/Dass* (3) Verfahren ist nun einmal eingeleitet […]“ K. wollte sich setzen, aber nun sah er, *das/dass*(4) im ganzen Zimmer keine Sitzgelegenheit war, außer dem Sessel beim Fenster. „Sie werden noch einsehen, wie wahr *das/dass* (5) alles ist“, sagte Franz und ging gleichzeitig mit dem andern Mann auf ihn zu. […] Beide prüften K.s Nachthemd und sagten, *das/dass* (6) er jetzt ein viel schlechteres Hemd werde anziehen müssen, *das/dass* (7) sie aber dieses Hemd wie auch seine übrige Wäsche aufbewahren und, wenn seine Sache günstig ausfallen sollte, ihm wieder zurückgeben würden. […] K. achtete auf diese Reden kaum, *das/dass* (8) Verfügungsrecht über seine Sachen, *das/dass* (9) er vielleicht noch besaß, schätzte er nicht hoch ein, viel wichtiger war es ihm, Klarheit über seine Lage zu bekommen […] Er neigte stets dazu, alles möglichst leicht zu nehmen, *das/dass* (10) Schlimmste erst beim Eintritt des Schlimmsten zu glauben, keine Vorsorge für die Zukunft zu treffen, selbst wenn alles drohte. Hier schien ihm *das/dass* (11) aber nicht richtig, man konnte zwar das Ganze als Spaß ansehen, als einen groben Spaß, den ihm aus unbekannten Gründen […] die Kollegen in der Bank veranstaltet hatten […] Darin, *das/dass* (12) man später sagen würde, er habe keinen Spaß verstanden, sah K. eine ganz geringe Gefahr, wohl aber erinnerte er sich – ohne *das/dass* (13) es sonst seine Gewohnheit gewesen wäre aus Erfahrungen zu lernen – an einige, an sich unbedeutende Fälle, in denen er zum Unterschied von seinen Freunden mit Bewusstsein, ohne *das/dass* (14) geringste Gefühl für die möglichen Folgen, sich unvorsichtig benommen hatte und dafür durch das Ergebnis gestraft worden war.

ÜBUNG 2

Überprüfen Sie auch im folgenden Text, der im Stil einer Zeitungsnotiz verfasst ist, die Schreibung von das/dass. Streichen Sie die falsche Version durch.

Alle Konferenzteilnehmer waren sich darin einig, *das/dass* (1) die „Gesamtschule Aachen I“ ihren reichlich fantasielosen Namen nicht länger tragen sollte. *Das/Dass* (2) Ergebnis der Schulkonferenz liege nun, und *das/dass* (3) nach wochenlangen Beratungen, endgültig vor; *das/dass* (4) war es, was Schulleiter Karl-Heinz R. gestern gegenüber der Presse verkünden konnte. *Das/Dass* (5) Bildungsinstitut soll nach Heinrich Heine benannt werden und man geht davon aus, *das/dass* (6) der Stadtrat dem Konferenzvotum folgt. Schulleiter R. sprach auch die stadtweit diskutierte Tatsache an, *das/dass* (7) aus einigen Klassen der Vorschlag gekommen war die GS Aachen I zur „John-Lennon-Schule“ zu machen. *Das/Dass* (8) war jedoch, abgesehen davon, *das/dass* (9) diese Idee nie das Plazet der Schulkonferenz gefunden hätte, vor allem bei den jüngeren Schülern auf keine Sympathie gestoßen. Selbst bei Heine, *das/dass* (10) sei klar, werde sich mancher grämen. Denn *das/dass* (11), was der Dichter in der „Winterreise“ der Stadt Aachen andichtete, wurmt manch einen noch heute. Aber *das/dass* (12) daran die Namensgebung scheitern könnte, *das/dass* (13) nimmt niemand an. Dazumal – *das/dass* (14) war Heines Eindruck anno 1844 – sei es dort selbst für Gassenhunde so langweilig gewesen, *das/dass* (15) diese den Reisenden angefleht hätten, und dies – im Versmaß des Erzählgedichtes – höchst „úntertänig“:

„Gib úns einen Fúßtritt, o Frémdling, *das/dass* (16) wírd
vielleícht uns zerstreúen ein wénig.“

Silbentrennung (Ä 4)

1.
Wörter werden so getrennt, wie sie beim langsamen Sprechen in Sprechsilben zerlegt werden können.
El - be, Haus - tür, Por - ti - o - nen, O - fen, rei - sen, kom - men, a - ber, Mäus - chen

a) Von mehreren Konsonanten kommt der letzte auf die neue Zeile.
ken - nen, Din - kel, Häcks - ler, ras - ten
Beachte: auch st wird wie sk und sp getrennt.
Lis - te, Mas - ke, Ras - pel

b) Diphthonge (Doppellaute) wie ei, äu, au werden nicht getrennt.
Mei - se, Mai - er, Mäu - se, rau - nen, Broi - ler

c) Wo mehrere Konsonanten einen Laut bezeichnen wie ch, sch und auch ck, bleiben sie ungetrennt.
Kü - che, ra - scheln, Bli - cke
Das betrifft in Fremdwörtern auch die Konsonantenverbindungen ph, rh und th.
As - phalt, Disko - thek, Pyr - rhussieg

2.
Zusammengesetzte Wörter trennt man nach ihren Bestandteilen.
Rand - stück, Comic - heft, Stereo - anlage, Lepra - infektion
Vorsilben können abgetrennt werden.
be - arbeiten, er - kranken, An - stellung

3.
Wird ein Wort nicht als Zusammensetzung erkannt (Fremdwörter) oder nicht mehr als Zusammensetzung empfunden (alte deutsche Wörter), kann sowohl nach Wortbestandteilen als auch nach Sprechsilben getrennt werden.
Inter - esse, auch: *Inte - resse; dar - um,* auch: *da - rum*

Arie des Papageno aus „Die Zauberflöte“

von Wolfgang Amadeus Mozart

au (äu)	ei	ai	eu	und andere
Bäu - me	lei - den	Kai - ser	Leu - te	
	ch	sch	ck	
	si - cher	ha - schen	lo - cken	
	ph	rh	th	in Fremdwörtern
	Philoso - phie	Myr - rhe	Sympa - thie	
be-	ver-	kon-	syn-	und anderes
be - greifen	ver - klagen	kon - kret	syn - thetisch	

ÜBUNG 1

Welche Möglichkeiten der Silbentrennung gäbe es bei den in den folgenden Texten unterstrichenen Wörtern, wenn sie am Ende einer Zeile ständen?
Schreiben Sie die Wörter mit Silbentrennungsstrichen an den richtigen Stellen und notieren Sie hinter jedem Wort die Bezifferung der entsprechenden Regel von S. 32.

Text 1

Die meisten (1) Wörter im Deutschen werden nach Sprechsilben getrennt. Eine Sprechsilbe ergibt sich in der gesprochenen Sprache ganz natürlich beim langsamen Sprechen (2). Oder stellen Sie sich vor, Sie sollen einen Text so singen (3), dass man ihn auch in der letzten Reihe eines großen Saales (4) noch versteht.
Wenn Papageno in der Oper (5) „Die Zauberflöte" von Wolfgang Amadeus Mozart singend von einem (6) Mädchen oder Weibchen träumt, dann tut er das in Sprechsilben. Es ist sicherlich sinnvoll, dass dieses Prinzip der Silbentrennung (7) nach Sprechsilben nun in der Rechtschreibreform weitgehend konsequent (8) durchgeführt worden ist. In dem Text Papagenos besteht das Wort *oder* aus zwei Sprechsilben, aber die Regel wollte bisher (9), dass nach einem einzelnen (10) Vokal am Anfang des Wortes nicht getrennt werden durfte; *Au - ge* durfte man also trennen, *aber* aber nicht (jetzt ist a - ber möglich). Die Regel hätte (11) einen Sinn gehabt, wenn der Diphthong *au* als Doppellaut (12) gesprochen würde. Das ist jedoch nicht der Fall, die Regel war also etwas willkürlich (13) und gilt deshalb heute nicht mehr.

Text 2

Noch willkürlicher waren die Regeln bei den zusammengesetzten Wörtern und den Fremdwörtern (1), die eigentlich nach Sprachsilben getrennt werden sollen. Sprachsilben werden durch die Zusammensetzung (2) eines Wortes bestimmt, *Fremdwort* z. B. besteht aus dem Adjektiv *fremd* und dem Substantiv *Wort*, *Befugnis* aus dem Präfix *be-*, dem Stamm *fug-* und dem Suffix *-nis*. Aber wer weiß schon, was im Griechischen (3) ein Prä- oder Suffix ist? Selbst im Deutschen ist das nicht immer klar, nur die wenigsten (4) wissen, dass ein Wort wie *war - um* im Althochdeutschen aus zwei Wortstämmen besteht und deshalb bis zur Rechtschreibreform nur nach Sprachsilben getrennt werden durfte. Jetzt ist auch wa - rum möglich. Abgesehen (5) davon, wurden die Regeln auch nicht konsequent eingehalten: das Fremdwort *Tran - sit* wurde immer schon so getrennt, obwohl es von dem lateinischen *trans* (= Präfix in der Bedeutung von *hinüber*) und *ire* = *gehen* stammt, das deutsche Wort *Ach - tung* wurde schon früher so getrennt, obwohl es mit dem Suffix *-ung* gebildet ist. Im Zweifel (6) immer im Duden nachschauen (7) oder bei neuen Textprogrammen im Computer das Extra *Silbentrennung* einschalten (8)! Auch nach der Rechtschreibreform (9) bleibt noch vieles schwierig (10), wenn auch manches erleichtert (11) worden ist.

Es sei noch auf den Sonderfall des *ß* als Inlaut verwiesen; früher pflegte man diesen bei der Trennung in *s - s* aufzulösen, da die Type *ß* nicht existierte, heute bleibt der Laut als Einheit erhalten, also: *Blö - ße, Grü - ße, hei - ßen* usw.

Wer im Übrigen noch Schwierigkeiten hat, Sprechsilben zu erkennen, der möge sich vorstellen, er stottere; man stottert nämlich normalerweise in Sprechsilben; oder man stelle sich vor, man leiere ein Gedicht, denn auch das tut man in Sprechsilben.
Schillers berühmtes Gedicht „Das Lied von der Glocke", das die Generationen vor dem zweiten Weltkrieg noch alle auswendig lernen mussten, beginnt so:

Fest ge - mau - ert in der Er - den
Steht die Form, aus Lehm ge - brannt.
Heu - te muss die Glo - cke wer - den!
Frisch, Ge - sel - len, seid zur Hand!
Von der Stir - ne heiß
Rin - nen muss der Schweiß,
Soll das Werk den Meis - ter lo - ben;
Doch der Se - gen kommt von o - ben.

Groß- und Kleinschreibung (Ä 5)

Die Schwierigkeiten der Groß- und Kleinschreibung gibt es im Deutschen erst seit dem 16. Jahrhundert, als man – einer Mode folgend – anfing Substantive und Wörter in der Rolle eines Substantivs (z.B. *das Gute*) großzuschreiben. Im 18. Jh. wird die Großschreibung der als Substantive empfundenen Wörter verbindlich und daraus resultieren bis heute die Schwierigkeiten der Groß- und Kleinschreibung.

Das Dilemma entsteht nämlich aus der Frage: Wann handelt es sich um ein Substantiv und wann nicht? Denn die Wortarten bilden keine in sich abgeschlossenen Einheiten. Sie stehen in einem ständigen Austausch untereinander und so muss in jedem Einzelfall geprüft oder interpretiert werden, ob es sich um ein Substantiv handelt oder nicht.

In dem Satz: *Der Vater will den Trotz des Sohnes brechen* ist das Wort *Trotz* eindeutig ein Substantiv, in dem Satz: *Er ging trotz Regens aus dem Haus* ist das gleiche Wort eine Präposition, wird also kleingeschrieben. Man lernt in der Schule die Regel, dass man ein Substantiv daran erkenne, weil man einen Artikel davor setzen könne. Diese Regel ist zwar im Allgemeinen richtig und lässt sich z.B. auf die beiden Sätze oben mit *Trotz/trotz* auch erfolgreich anwenden, sie gilt aber leider nicht für alle Fälle.

In dem Satz: *Er ist der Beste in der Klasse* wird *der Beste* als Substantiv empfunden, sage ich aber: *Unter allen Schülern ist er der beste* oder: *Er war der beste unter allen Schülern* wird *der beste* als Attribut zu dem vorangehenden oder nachfolgenden Wort *Schülern* betrachtet, ist also ein Adjektiv und wird kleingeschrieben.

Tipp

Die Wörter *etwas, nichts, viel, alles, wenig* und *allerlei* haben z.B. vor einem Adjektiv die gleiche Funktion wie ein Artikel, d.h., die nachfolgenden Adjektive werden im Allgemeinen großgeschrieben, also: *alles Gute, etwas Schönes, viel/wenig Neues* u.a.

Groß schreibt man

1. a) **Substantive und Namen:** der Abend, des Abends, am Abend, es ist Abend, zu Abend essen, Ingeborg, Mozart, Potsdam

   b) **Bezeichnungen von Tageszeiten nach den Adverbien heute, (über-)morgen und (vor-)gestern:** heute Morgen, gestern Abend, morgen Mittag

2. a) **das erste Wort eines Ganzsatzes:** *Das* Kind schläft ruhig.

   b) **das erste Wort einer direkten Rede oder Ganzsatzes nach dem Doppelpunkt:** Er sagte: „*Du* bist mein lieber Sohn."
   Die Anweisung lautet: *Man* nehme täglich eine Tablette.
   Aber: Er hat alles verspielt: sein Haus, sein Auto, seinen Schmuck (= kein vollständiger Satz).

3. **das erste Wort eines Buch-, Film- oder Zeitschriftentitels, einer Überschrift:** Der Titel des Buches (des Films) ist „*Der* Name der Rose".
   Diesen Artikel findest du in der Zeitschrift „*Die* Zeit".

4. **das erste Wort eines Straßen- oder Gebäudenamens:**
   Er wohnt in der Straße *Unter* den Eichen in dem Haus *Zur* Linde

5. **alle zu einem mehrteiligen Namen, Titel oder zu historischen Ereignissen gehörenden Adjektive, Partizipien, Pronomen und Zahlwörter:** Friedrich der Große, Otto der Erste, Karl der Kühne, die Ewige Stadt (= Rom), der Große Bär (= Sternbild), der Regierende Bürgermeister von Berlin, der Heilige Vater (= der Papst), der Erste Weltkrieg, der Westfälische Frieden
   Hierzu gehören auch geografische Namen: der Atlantische Ozean, das Rote Meer, das Ulmer Münster, die Schweizer Industrie

6. **substantivisch gebrauchte (a) Adjektive und Partizipien, (b) Pronomen und Zahlwörter, (c) Adverbien, Präpositionen, Konjunktionen und Interjektionen und (d) substantivisch gebrauchte Infinitive:**
   a) das Gute, Altes und Neues, etwas Seltsames, das Folgende
   b) ein gewisser Jemand, die Eins, jeder Zweite, das Du
   c) im Voraus, das Auf und Ab, kein Wenn und Aber, das Ach und Weh
   d) das Geben und Nehmen, herzhaftes Gähnen, zum Schreien

7. **die Höflichkeitsanrede „Sie" und das entsprechende Possessivpronomen „Ihr":** Das ist typisch für *Sie*. Wie geht es *Ihren* Kindern?

Klein schreibt man (anders als früher)

8. **das Anredepronomen „du" und „ihr" auch in Briefen, Widmungen u. Ä.:** Liebe Ilse, dir, deinen Kindern und euch allen alles Gute!

9. **von Personennamen abgeleitete Adjektive werden in der Regel kleingeschrieben:** platonische Schriften, heinesche Reisebilder, viktorianische Zeit

10. **so genannte feste Begriffe wie:** schwarze Magie, erste Hilfe, der blaue Brief

ÜBUNG 1

In den folgenden Zeitungstext sind 15 Verstöße gegen Groß- und Kleinschreibung eingebaut. Finden Sie sie heraus!

Die Dinge des Lebens

Zum beispiel das Messerbänkchen. Es wurde erfunden, weil es Messer und Tischtücher gibt und das Eine das Andere nicht beschmutzen sollte. Wenn der bedarf an Messerbänkchen gedeckt ist, könnte sich ein Markt für Messerbänkchenschoner entwickeln, für die wieder ein ganzes sortiment von Pflegemitteln bereitzustellen wäre. Das Gleiche gilt für andere Dinge: für die CD braucht man einen CD-ständer, für den Pudel ein Pudelshampoo mit Vitalisierungskomplexen, für das Ceran-Kochfeld einen Ceran-kochfeld-reiniger mit Spezialklinge.

„Jedes Ding hat seinen Diener", Sagt Dagmar Steffen und rückt das Buttermesserchen zu Recht. In den Räumen des deutschen Werkbundes in Frankfurt ist eine Tafel festlich geschmückt. Silberbesteck liegt im Spalier um die Platzteller, drei verschiedene Kristallgläser krönen das Gedeck. Weinkelche, Fischmesser und Serviettenringe demonstrieren Esskultur. Ein Paar meter weiter steht ein Satz von Sokrates: „nichts zu bedürfen ist göttlich, möglichst wenig zu bedürfen kommt der göttlichen Vollkommenheit am Nächsten." [...]

ÜBUNG 2

Der folgende Text ist vom Hamburger Wochenmagazin „Der Spiegel" dem damaligen Kultusminister von Rheinland-Pfalz als Diktat vorgelegt worden. Dieser machte nach alter Rechtschreibung sechs Fehler.[1]
Mit der Rechtschreibreform sind die meisten Problemfälle beseitigt worden.
Nach der neuen Rechtschreibung weist der Text 8 Verstöße gegen Groß- und Kleinschreibung auf. Welche?

Wir sollten das bislang erreichte nicht gering schätzen, aber in bezug auf unsere Auslandsaktivitäten wäre es das beste, die Kooperation mit den Skandinaviern wieder aufzunehmen. Mit den Schwierigkeiten – sie haben zuguterletzt über Hand genommen – wollen wir im großen und ganzen rasch fertig werden, nicht zuletzt aus Imagegründen.

Des weiteren müssen wir uns vor Verhandlungsbeginn noch darüber klar werden, welche Wünsche und Forderungen von Seiten der Gesprächspartner an uns herangetragen werden könnten und inwieweit sie überhaupt Rechtens sind.

Von vornherein muss sichergestellt sein, dass sich ein möglicher Kompromiss nicht zu Ungunsten unseres Unternehmens auswirkt.

Die Rechtschreibreform hat in Hinblick auf Groß- und Kleinschreibung ein paar Erleichterungen gebracht. In dem Satz: „Er bedenkt alles Mögliche" musste man früher unterscheiden, ob das Wort „Mögliche" der Gegensatz von „das Unmögliche" war, dann nämlich schrieb man groß, oder ob es nur ein Indefinitpronomen war in der Bedeutung von „viel, allerlei", dann nämlich schrieb man klein. Nach der Rechtschreibreform gilt weitgehend die alte Schulregel, dass man die Wörter großschreibt, zu denen ein Artikel gehört, also auch, anders als früher: *im Allgemeinen, im Folgenden, das Gleiche* u. a.
(Vgl. Kap. Veränderungen in Rechtschreibung und Zeichensetzung, S. 76 f.)

Substantivische Aneinanderreihungen

In substantivischen Aneinanderreihungen wird immer das erste und das letzte Wort großgeschrieben, ansonsten wie außerhalb der Reihung, also: *das In-der-Welt-Sein, das Als-ob-Getue* usw.

1 Vgl. „Der Spiegel" 24/84, S. 156 ff. sowie 7/95, S. 188 ff.: Wiederholung des gleichen Diktats mit dem hessischen Kultusminister. Dieser machte sieben Fehler.

Zusammen- und Getrenntschreibung (Ä 6)

Wann ist ein Wort ein Wort?

Diese anscheinend äußerst dumme Frage brachte selbst Orthografieweltmeister oft zum Sich-und-die-Welt-Verfluchen. Mal leimte man Einzelwörter aneinander und schrieb sie dann auch zusammen; mal verkoppelte man sie (vergleiche den ersten Satz!) mit Bindestrichen. Dann wiederum musste man eng beieinander stehende und auch inhaltlich zusammengehörende Wörter voneinander getrennt schreiben, weil sie eine „Wortgruppe" darstellen.
Dieser Bereich der Orthografie war im Grunde immer schon recht kompliziert. Die Neuregelungen haben darin etwas mehr Ordnung geschaffen und den Wildwuchs an Einzelregelungen deutlich gelichtet. Ausschlaggebend für die Getrennt- und Zusammenschreibung sind nun durchweg überprüfbare, formal grammatische Unterschiede.

Früher spielten oft die Wortbetonung und – bei gleich lautenden Wörtern – die Bedeutungsunterschiede eine wichtige Rolle. Dies ist jetzt nur noch in wenigen Ausnahmen der Fall, um mögliche Missverständnisse zu vermeiden.
So sind z. B. folgende Wörter (= Zusammenschreibung) von (getrennt zu schreibenden) Wortgruppen zu unterscheiden:
freisprechen (Freispruch) und
frei sprechen (ohne abzulesen),
vorhersagen (prophezeien) und
vorher sagen (nicht nachher sagen),
wiederholen (noch einmal tun) und
wieder holen (zurückholen).

Immer getrennt geschrieben werden Wortgruppen wie:

a) *gar kein, gar nichts, darüber hinaus, nach wie vor, vor allem, dessen ungeachtet*

b) Geografische Lagebezeichnungen auf -er, z. B. *Thüringer Wald, Leipziger Allerlei, Allgäuer Bote, Kölner Landstraße* (Dies gilt nicht bei Sachbegriffen wie *der Brennerpass, die Pfänderbahn, der Römerbrief, das Weserlied.*)

c) *So, wie, zu* + Adverb/Pronomen/Adjektiv
so oft, wie viele, so genannt, zu wenig (Vorsicht: Verwechslungsgefahr mit einleitenden Konjunktionen wie *sobald, sofern, sooft* usw.)

Regel 1

Bei Verben, Adjektiven und Partizipien gilt die Getrenntschreibung als der Normalfall. Im Zweifelsfall sollte man also getrennt schreiben.

Das letzte (Teil-)Wort ist ein Verb

Zusammen:	Getrennt:
Der 1. Teil des Wortes ist	Der 1. Teil der Wortgruppe ist
– ein untrennbares Substantiv: *brandmarken, handhaben, lobpreisen, maßregeln, nutznießen*	– ein Substantiv/Objekt zum Verb: *Rad fahren, Not/Leid tun, Maß halten, Acht/Recht/Schuld haben*
– ein verblasstes Substantiv: *heimfahren, irregehen, preisgeben, teilhaben, stattfinden*	– ein Infinitiv oder Partizip: *spazieren gehen, sitzen bleiben; bekannt machen, verloren gehen*
– eine Partikel wie ab-/an-/vor-, aber auch: *beisammen-/dabeibleiben, dazwischengehen*	– ein zusammengesetztes Adverb: *abhanden/zugute kommen, beiseite/überhand nehmen, anheim fallen*
– ein Adjektiv, das man hier nicht erweitern/steigern kann: *bloßstellen, liebäugeln*	– ein Adjektiv auf -ig/-isch/-lich: *übrig bleiben, kritisch denken, freundlich/spöttisch grüßen*
– kein eigenständiges Wort: *fehlgehen, feilbieten, kundgeben, fehlschlagen, weismachen*	– ein Wort, dessen zweiter Teil -einander/-wärts/-seits lautet: *auseinander gehen, abwärts fahren*
	Der 2. Teil der Wortgruppe ist eine Form von sein: *da sein, ihr seid fort/zurück gewesen, ob er da war*

Das letzte (Teil-)Wort ist ein Adjektiv/Partizip

Zusammen:	Getrennt:
Der 1. Teil des Wortes ist	Der 1. Teil der Wortgruppe ist
– eine grammatisch verkürzte Wortgruppe: *butterweich* (= weich wie Butter), *freudestrahlend* (= vor Freude strahlend), *denkfaul* (= zu faul zu denken), *tropfnass* (= nass und tropfend), *hitzebeständig* (= gegen Hitze beständig)	– ein Substantiv, das auch vom finiten Verb getrennt wird: *Grauen erregend* (= es erregt Grauen), *Not leidend* (= leidet Not)
	– erweiter- bzw. steigerbar: *schwer atmend* (schwerer atmend), *dicht behaart* (= sehr dicht behaart)
– ein gleichrangiges Adjektiv: *nasskalt, taubstumm, rotgrün, süßsauer, dummdreist*	– ein Adjektiv auf -ig/-isch/-lich: *bläulich gelb, lustig laut, sonnig warm, preußisch blau*
– eine Kardinalzahl unter einer Million oder eine Ordnungszahl: *elftausendeinhundertvier, das sechsmillionste Exemplar*	– eine Kardinalzahl über einer Million bzw. Substantiv(-Zahlen): *eine Million vierhunderttausend Mark, zwei Dutzend Gänseeier*
– eine Bedeutungsverstärkung oder -minderung: *bitterböse, todtraurig, erzfaul, vollwertig, supergut, halblang, minderbemittelt*	– ein Infinitiv, Partizip, zusammengesetztes Adverb oder ein Wort auf -einander/-seits/-wärts, gefolgt von einem Partizip (vgl. Verben!)

Der Donaudampfschifffahrtsgesellschaftskapitän...

Die deutsche Sprache besitzt die Fähigkeit die erstaunlichsten „Bandwurmwörter" (=Komposita) zu konstruieren. Bei Substantivkomposita schreibt man die einzelnen Wortteile einfach hintereinander und natürlich zusammen. Entsprechend dieser Grundregel heißt es also z. B. *der Schwarzwaldhöhenweg, die Zwanzigerjahre, die Dreigangschlagbohrmaschine, der Icherzähler.*
Dies gilt so auch in Zusammensetzungen mit Eigennamen oder bei fremdsprachigen (englischen) Wörtern, z. B. *Eichendorfftext, Schillerplatz, Schwabentag, Airbag, Jumbojet, Happyend, Centrecourt.*

Regel 2

Verliert man die Übersicht, dann füge man (an einer sinnvollen Stelle) einen Bindestrich ein, z. B. *der Oderbruch-Naturschutzverband, das Arbeiter-Unfallversicherungsgesetz.*
Dies darf man auch bei Zusammentreffen von drei gleichen Buchstaben oder zur Hervorhebung einzelner Bestandteile, z. B. *Schlamm-Massen, Kaffee-Ersatz; Ich-Sucht, Goethe-Tag; schaurig-schön, russisch-orthodox.*

Regel 3

In speziellen Fällen wird jedes einzelne Wortglied durch Bindestrich vom anderen abgesetzt. Dabei unbedingt auch auf die Groß-/Kleinschreibung achten!
Man setzt Bindestriche, wenn
– vor einem substantivierten Infinitiv mehrere Wörter stehen,
z. B. *das Auf-die-lange-Bank-Schieben, das Sich-in-die-Tasche-Lügen,*
– Abkürzungen/Ziffern/Einzelbuchstaben mit anderen Wörtern verbunden werden,
z. B. *i-Punkt, T-förmig, O-Beine, Abt.-Leiter, VHS-Kanal, 4 x 100-m-Staffel, 2:5-Niederlage, 2-seitig, 50-jährig, CSU-typisch, UV-bestrahlt,*
– mehrere Zusammensetzungen zusammentreffen, z. B. *2-Mark-Stück, Sturm-und-Drang-Dichter, Erste-Hilfe-Lehrgang, Do-it-your-self-Bewegung.*

ÜBUNG 1

Zusammen? Mit oder ohne Bindestrich? Notieren Sie die Wörter in der korrekten Schreibweise. Achten Sie auch auf die Groß- und Kleinschreibung!

Die deutsche Sprache ist KOMPOSITA BESESSEN! So oder ähnlich schimpfen manchmal selbst ernannte SPRACH PFLEGE HOHE PRIESTER und bejammern diesen Zustand HÄNDE RINGEND und LAUT STARK. Die Ursache dafür sehen sie oft in der so genannten TECHNIK KONSUM UND WERBESPRACHE. Denn diese produziere fortwährend alberne oder unnötige neue Wörter wie SCHAUM REGULIERT, ÄTNA GRAU, KRAWATTEN MUFFEL oder FERN SEH MÜDE und rede von VITAMIN B HALTIGEN Getränken oder dem CO_2 GEHALT der Luft usw. Aber schon die Klassiker prägten Komposita wie UNHEIL SCHWANGER, STERN BEKRÄNZT und Goethe schrieb von KNABEN MORGEN BLÜTEN TRÄUMEN. Es handelt sich also bei diesem DIE WÖRTER ANEINANDER REIHEN um eine altbekannte Technik, auf die man nicht nur ZIG FACH stößt, sondern auf die man oft gar nicht mehr verzichten kann; vergleiche etwa solche Wörter wie FERN SCHNELLGUT TRANSPORT oder DIN A 4 KOPIE, FILTER LUFT ANSAUGSTUTZEN oder 5 % KLAUSEL.

ÜBUNG 2

Schreibt man die folgenden Wörter zusammen oder getrennt?

beieinander sein/zusammen legen/zueinander legen/leicht schräg/seitlich schräg/längsseits gehen/kurz treten/ein treten/dazwischen treten/grau verhangen/ernst blicken/oben erwähnt/so wenig(e)/jäh unterbrochen/so genannt/eisig kalt/gräulich grün/heilig sprechen/leicht verdaulich/schwer verletzt/weh klagend/Schuld sein/Pleite gehen/angst erfüllt/mittwoch abends/am Mittwoch morgen

Zusammengesetzte Verben am Satzanfang

Die meisten dieser Verben bestehen aus so genannten trennbaren Zusammensetzungen. Man schreibt sie nur im Infinitiv, Partizip sowie im Nebensatz (bei „Endstellung" des Verbs) zusammen.
Bekanntlich werden bei finiten Formen im Hauptsatz das Verb und sein „Zusatz" getrennt. Dies gilt auch dann, wenn die finite Form am Satzanfang steht, z. B.:
Bereit hält er ... Hinzu kommt, dass ...
Fehl gingst du in der Annahme ...
Heim kehrten sie auf anderen Wegen ...

Folgende Wörter werden stets zusammengeschrieben:

Pronomen und Adverbien
derselbe, dieselbe, dasselbe
dieserart, solcherart, solcherlei
ebenso, genauso, geradeso, sowieso
deinetwegen, meinetwegen, keineswegs
derzeit, jederzeit, seinerzeit
zurzeit (Abk. *zz.*), *zu-/bei-/vorzeiten*
demgemäß, dementsprechend, demzufolge
irgendeiner, irgendetwas, irgendwo usw.
nichtsdestoweniger, zuallererst, zuletzt
zumeist, zumindest, zuunterst usw.

Konjunktionen und Präpositionen
anstatt (dass), indem, inwiefern
sobald, sofern, sooft, soviel, soweit
anhand, anstatt, infolge, inmitten

Kein Bindestrich vor Suffixen

Wie bisher setzt man die Nachsilben
-ig/-lich/-ler/-fch/-er/-(s)tel
ohne Bindestrich an Ziffern oder Abkürzungen, z. B.
4%ig, 2fach, 48er, ein 16tel
der HSVer, CSUler, SPDler usw.
Aber: Bindestrich,
– wenn der erste Bestandteil ein Einzelbuchstabe ist, z. B. *zum x-ten Mal, die n-te Potenz,*
– wenn der zweite Bestandteil ein Wort ist: 2-Tonner, die 12-Jährige, 3-jährig

Fremdwörter (Ä 7)

Die eindeutschende Schreibweise *f* für *ph* bleibt zur Zeit noch im Wesentlichen beschränkt auf Wörter mit den Silben -graph (= graf) und -phon (= fon), z. B. *Telefon, Fotograf.*

In einigen Fällen sind zwei Schreibweisen möglich, wie teilweise schon bisher (Phantasie – Fantasie), wobei man innerhalb eines Textes auf eine einheitliche Schreibweise achten sollte:

Delfin – *Delphin*
Geografie – *Geographie*
Orthografie – *Orthographie*
Paragraf – *Paragraph*
Mikrofon – *Mikrophon*
Saxofon – *Saxophon*

Jogurt – *Joghurt*
Getto – *Ghetto*
Spagetti – *Spaghetti*

Exposee – *Exposé*
Schikoree – *Chikorée*
Portmonee – *Portemonnaie*

Panter – *Panther*
Tunfisch – *Thunfisch*

Frisör – *Friseur*

Katarr – *Katarrh*

Majonäse – *Mayonnaise*

Wagon – *Waggon*

Ketschup – *Ketchup*

Man schätzt, dass auf das gesamte deutsche Vokabular von etwa 400 000 Wörtern rund 100 000 fremde Wörter kommen. Historisch unterscheidet man zwischen heimischen **Erbwörtern** einerseits und **Lehn-** oder **Fremdwörtern** aus anderen Sprachen andererseits. „Ein Fremdwort ist ein aus einer Fremdsprache übernommenes Wort, das sich in Aussprache und/oder Schreibweise und/oder Flexion der übernehmenden Sprache nicht angepasst hat. Im Gegensatz zum Lehnwort, das ohne besondere Fachkenntnis nicht mehr als fremdes Wort erkannt wird (z. B. dt. *Mauer* von lat. *murus*, dt. *Fenster* von lat. *fenestra*, dt. *Wein* von lat. *vinum*, dt. *Pullover* von engl. *pull over*), trägt das Fremdwort noch deutlich sichtbare Spuren seiner fremdsprachlichen Herkunft […] Die Grenze zwischen Fremdwort und Lehnwort ist dabei nicht eindeutig zu ziehen.“ (Duden Bd. 9, S. 260).

„Leihsprachen“ für das Deutsche

Die Übernahme von Fremdwörtern in die deutsche Sprache hat historische, kultur- und wissenschaftsgeschichtliche sowie ökonomische Gründe.
Wesentliche „Leihsprachen“ für das Deutsche sind:

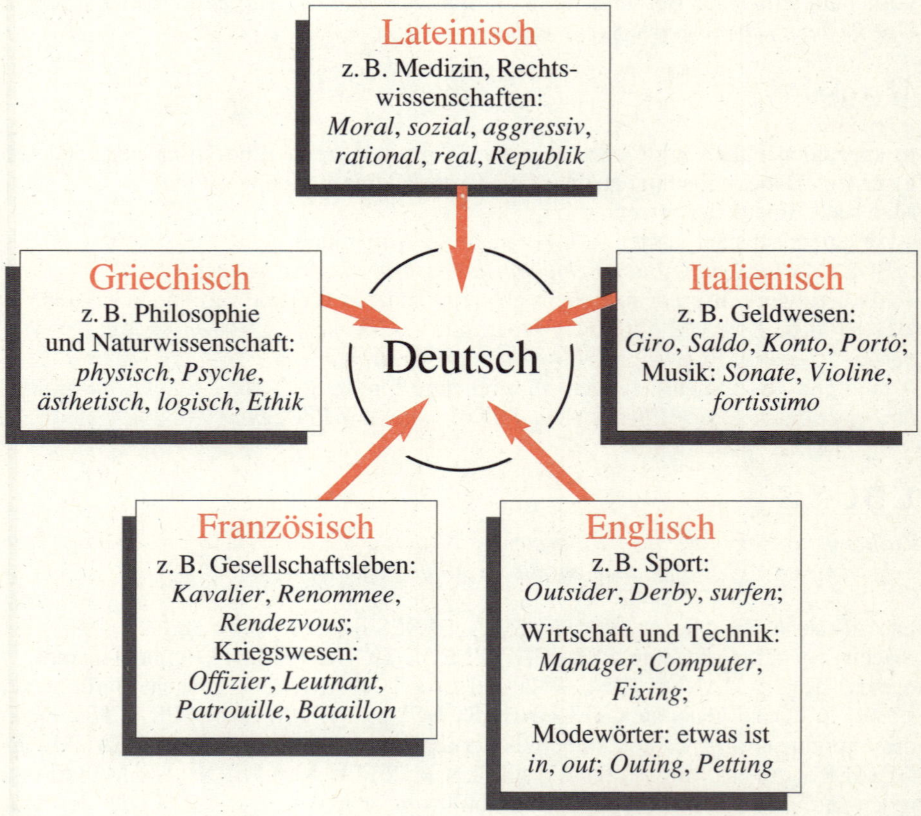

Stilistischer Grundsatz:

„Vermeide jedes Fremdwort, für das es ein gleichwertiges deutsches Wort gibt, sei aber andererseits dort kein Eiferer, wo ein Fremdwort unsere Sprache wirklich bereichert.“ (Duden Bd. 5, S. 6)

Ein solches „bereicherndes“ Fremdwort ist z. B. *sensibel*, dessen Bedeutung mit deutschen Adjektiven wie „empfindlich“, „empfindsam“ oder „feinfühlig“ oft nur unzureichend wiedergegeben werden kann. Andererseits kann man z. B. das Fremdwort *Relevanz* häufig umstandslos durch ein deutsches Wort, z. B. „Wichtigkeit“, „Bedeutsamkeit“, ersetzen.

Rechtschreibung

Während häufig gebrauchte Fremdwörter, die keine dem Deutschen fremde Laute enthalten, sich der deutschen Schreibweise langsam angleichen (z. B. *Bureau – Büro*, *Boutique – Butike*, *Graphik – Grafik*), behalten selten gebrauchte Fremdwörter ihre ursprüngliche Schreibweise bei (z. B. *Milieu*, *Jalousie*).
Mehrgliedrige fremdwörtliche Substantive werden in der Regel groß- und zusammengeschrieben (z. B. *Teamwork*, *Worldcup*, *Folkmusic*, *Brainstorming*). Bei Bindestrichschreibungen wird der letzte Bestandteil dann großgeschrieben, wenn er auch als selbstständiges Fremdwort im Deutschen vorkommt (z. B. *Full-Time-Job*), überwiegend gilt jedoch die Kleinschreibung (z. B. *Know-how*; *Play-back,* auch: *Playback*, *Sit-in*, *Go-in* usw.). Besondere Fügungen stehen aber auch unverbunden nebeneinander (z. B. *Public Relations*, auch: *Publicrelations*, *Hot Dog*, auch: *Hotdog*) – im Zweifelsfall hilft da nur das Nachschlagen!

Besonderheiten der Pluralbildung

An eine fremde Pluralbildung darf nicht noch eine deutsche angehängt werden, z. B. *das Lexikon – die Lexika* (nicht Lexikas)!), *das Thema – die Themen* oder: *die Themata* (nicht Thematas!).
Bei weitgehend eingedeutschten Fremdwörtern kommen auch Doppelformen vor: *Thema – Themen/Themata*, *Ballon – Ballons/Ballone*, *Balkon – Balkons/Balkone*, *Aroma – Aromen/Aromata*, *Komma – Kommas/Kommata*.

Der Plural von *Taxi* lautet: *Taxis*, nicht zu verwechseln mit *Taxen*, dem Plural von Taxe (amtlich festgesetzter Preis, z. B. Kurtaxe).

ÜBUNG 1

Ergänzen Sie den Text.

Bei ration_____ Betrachtung hatte ich eigentlich gar keine Zeit und im ration_____ organisierten Supermarkt waren die Preise niedriger. Trotzdem wollte ich in das ___af__é__ nebenan gehen um dort ___af__e__ zu kaufen. Obwohl es medi__inisch unklug war, rauchte ich vorher eine ___igarette, als das Tele___on klingelte. Meine Tochter wollte unbedingt in den ___irkus und bezichtigte mich wegen meiner Absage des Egois_____. Unser Tele___ongespräch hatte so kein ___appy___nd, auch nicht, als ich ihr vorschlug einige Muse____ zu besuchen. Als ich mich über ihre Uneinsichtigkeit aufregte, meinte sie nur lakonisch, ich sei ihr zu emotion_____.

Deklination

Fremdwörter auf *-ismus* werden im Singular nicht dekliniert: *des Egoismus, Imperialismus*, *Dualismus*.

Ansonsten:
Genitiv: *des Prozesses*, *Komplexes*, aber auch zwei Möglichkeiten: *des Atlas/Atlasses*, *des Globus/Globusses*

Häufige Fehler

Im Gegensatz zum Englischen wird der Genitiv im Deutschen ohne Apostroph geschrieben: *Peters Auto*. Nur zur Verdeutlichung der Grundform des Personennamens ist dieses Zeichen erlaubt: *Andrea's Imbiss* {von Andrea, nicht Andreas); *Carlo's Taverne* (von Carlo, nicht Carlos).

Man durchdenkt etwas *rational* (vernünftig), einen Betrieb kann man dagegen *rationell* (zweckmäßig) organisieren.
Einen gefühlsbetonten Menschen nennt man *emotional*, nicht *emotionell*!
Wenn etwas wirklich ist, dann ist es *real*. Demgegenüber ist ein *reeller* Geschäftspartner zuverlässig, ehrlich, redlich, anständig.
Man kann zwar einen Gedankengang *differenzieren* (trennen, unterscheiden, in kleinere Teile zerlegen), nicht aber einen Text!
Ökonomisch heißt „Wirtschaftliches betreffend", *ökumenisch* dagegen bezieht sich auf „die ganze bewohnte Erde" (meist in Glaubensfragen).

Tipp

Fremdwörterbuch anschaffen!

Häufig falsch geschriebene Wörter (Ä 8)

ÜBUNG 1

Ermitteln Sie Ihre individuellen Fehlerschwerpunkte und notieren Sie die entsprechenden Wörter:

Die folgenden Wörter werden häufig falsch geschrieben. Prägen Sie sich die Schreibweise dieser Wörter ein, z.B. durch wiederholtes Lesen oder Diktat (z.B. mittels Kassettenrekorder).

abends, heute Abend

acht, achtzig, die Acht (Zahlenangaben)

die Acht, außer **Acht** lassen (Aufmerksamkeit)

Adresse (aber: engl. address)

alles Gute

allmählich

andere, der, die, das

angelsächsischer Genitiv: im Deutschen nur zur Verdeutlichung der Grundform eines Namens mit Apostroph; Marco's Weinladen

Angst, die; Das macht mir **Angst**!; aber: Mir ist **angst** und bange.

Apotheke

Appell, appellieren

Arzt

auf einmal

außen, außer, außerdem, aber: **aus**rechnen

Balance

Ballett

beide: **die beiden**

bekam (von: bekommen)

Bibliothek

bisschen

Blüte, aber: **blühen,** es blüht

brillant

Café – Kaffee

Charakter, charakterisieren

Chemie, aber: **Chemikalie**

dämlich (umgangssprachlich)

daraus (dar-aus; da-raus)

das/dass (mit s, wenn man *dieses*, *jenes* oder *welches* einsetzen kann);

dasselbe, der-, die-, aber: **der, die, das Gleiche**

denn (Konjunktion) oder **den** (bestimmter Artikel)

Detail, aber: **detailliert**

draußen

dunkel + Adjektiv: **dunkelblau**

eigentlich

einmal, zweimal, ein andermal, aber: **das eine Mal, das andere Mal**

einzelne, der, die, das Einzelne, Einzige

endlich, endlos, endgültig (von Ende)

ent- als Präfix, z. B. **ent**scheiden, **Ent**gelt, **ent**mutigt

Ereignis

erschrak, erschraken, aber: jmdn. **erschrecken**

essen, aß, Essgeschirr

etwas + substantiviertes Adjektiv: etwas Schönes

Fabrik

Fahrrad, Fahrräder, Fahrrad fahren: sie fuhr **Fahrrad**, aber: das Fahrradfahren

fernsehen: er sah fern, er wollte fernsehen, aber: er saß vor dem **Fernseher**

fiel, fielen (von fallen; aber: **viel, viele**)

ganz (voll und...), aber: die **Gans** (Federvieh)

gar nicht

Gelenk, gelenkt, lenken

gesamt, mitsamt, Gesamtheit

gibt, gibst

gucken, kucken (besser: sehen, schauen)

hältst, du

Happyend, Happy End

hast (du...), aber: du **hasst** (von: hassen)

heran, herein, hinein, heraus, hinaus, hinauf, hinein + Verb: **herauskommen, hineingehen** usw. (her-an, her-ein, hin-ein, her-aus, hin-aus, hin-auf, hin-ein; auch: he-ran, he-rein, hi-nein, he-raus, hi-naus, hi-nauf, hi-nein)

hier, hiermit, hierauf (hier-mit, hie-rauf)

ihm (Personalpronomen) oder **im** (Präposition + Artikel)

ihn (Personalpronomen), **in** (Präposition)

Ihr/Ihre: (als Höflichkeitsanrede groß, als Personalpronomen klein) aber: du, dein, dir usw. klein

im Allgemeinen/Folgenden/Ganzen/Voraus/Großen und Ganzen

in dem (Präposition mit Artikel), aber: **indem** (Konjunktion)

interessant, **interessieren**, **Interesse**

irgendeiner, **irgendetwas**, **irgendjemand**, **irgendwann**, **irgendwie** usw.

Kabarett

kaputt (besser: zerstört, defekt usw.)

letzte; der Letzte, als Letztes

Libyen

ließ (sie..., von lassen), aber: sie **liest** (von lesen)

mahlen (mit der Mühle),

malen (mit dem Pinsel)

Mal, Male, das erste Mal, zum zweiten Mal; Denkmal

Maschine

Matratze

Matrize

meist, meistens, die meisten

mit + Verb: **mitbringen**

nämlich

nichts + Adjektiv, z. B. **nichts Halbes** und **nichts Ganzes, nichts Gutes**

-nis als Suffix, z. B. **Erkenntnis, Erlaubnis**

Notiz

Nummer, nummeriert

paar (ein paar Menschen), das **Paar**, die **Pärchen**

Parallele

Platz nehmen, platzieren

plötzlich

Portemonnaie; auch: **Portmonee**

Prinzip

Pyrenäen

Recht, das; **er hat Recht**; aber: es ist recht/unrecht

Rendezvous

Rhythmus

Saal, aber: **Säle**

säen

schuld, er ist schuld, aber: **Schuld**, er trägt dafür die Schuld; er hat Schuld

sechzig

selbständig; auch: selbstständig

Sie: als Höflichkeitsanrede großgeschrieben, als Personalpronomen klein: **sie** gingen...

spazieren, spaziert; spazieren gehen

Standard

Stil, Modestil, aber: **Stiel,** Besenstiel

Sympathie

Technik

töten, aber: **todbringend** (von: den Tod bringen)

Turbine

Unterricht

ver- als Präfix, z. B. **versprechen**, aber: die **Ferne**, **fernsehen**

verfasst (sie...)

Vers (eines Gedichtes), aber: die **Ferse** (des Fußes)

viel, **die vielen**, aber: er **fiel** (von fallen)

vielleicht (viel-leicht)

voraus, **Voraussetzung** (vor-aus, Voraus-set-zung; auch: vo-raus, Vo-raus-setzung)

wahrscheinlich

Weile, eine; **Langeweile**; **zuweilen**

weißt (du..., von wissen) aber: er **weist** ihn darauf hin (von: hinweisen); die Farbe **Weiß**

wenn (Konjunktion), **wen**? (Fragepronomen)

widersprechen, **widerstehen**, **erwidern**, aber: **wiedergeben**, **wiederholen**

zeit ihres Lebens, **beizeiten**; **zuzeiten**, (bisweilen), aber: zu **Zeiten** Viktorias; eine **Zeit** lang

ziemlich (möglichst vermeiden, da wenig aussagekräftig)

zu Ende

zu + Infinitiv: **zu essen** (kleingeschrieben)

zu guter Letzt

zurück + Verb: **zurückgeben**

zurzeit, aber: zur Zeit Cäsars

zustande bringen, **zustande kommen**); auch: zu Stande bringen/kommen

Ermitteln Sie Ihre individuellen Fehlerschwerpunkte und notieren Sie die entsprechenden Wörter:

Ausdruck – falsch oder unangemessen?

Ausdrucksfehler können nicht wie Rechtschreib- oder Grammatikfehler zweifelsfrei bestimmt werden. Der Sprachgebrauch gilt als Richtschnur für *richtig* und *falsch*, aber dieser unterliegt einem ständigen Wandel. In Schillers (1759–1805) „Wilhelm Tell" nennt Hedwig, Tells Frau, ihr Heim (nach glücklichem Verlauf der Handlung) ein „Freudenhaus"; Schüler von heute lachen über diese Formulierung, da ein „Freudenhaus" in unseren Tagen kaum mehr „ein Haus der Freude" ist.
Noch viel problematischer als die Bestimmung von *richtig* und *falsch* ist die von *angemessen* und *nicht angemessen*. Diese hängt sowohl von der Situation – in der gesprochen wird – als auch von den individuellen Geschmackskriterien der Gesprächspartner ab. Ein Klassenkamerad wird die Aussage „Auf den Typ bin ich voll abgefahren!" kaum beanstanden, vor Gericht hingegen würde die Formulierung befremden.
Trotz der beschriebenen Schwierigkeiten soll versucht werden einige Regeln aufzustellen.

Richtigkeitsnormen

Wort und Bedeutung müssen übereinstimmen!
Die meisten Fehler entstehen auf dem Weg der Analogie, d. h., man vertauscht Begriffe, die im Hinblick auf Bedeutung oder Klang ähnlich sind. (Vgl. rechte Spalte: *lustig – lächerlich*, *implizieren – evozieren*, *Artikel – Kasus*; andere Beispiele: *rational – rationell*; *psychisch – psychologisch* usw.)
Sehr häufig findet man auch Kontaminationen, d. h. Verschmelzung von zwei Wörtern oder Wendungen, die inhaltlich oder formal verwandt sind, z. B. *antelefonieren* aus: *anrufen* und *telefonieren*.

Bildbrüche vermeiden!
Bildbruch (auch Katachrese), d. h. Verquickung nicht zusammenpassender bildlicher Ausdrücke, z. B. *Estrella liebt Thomas aus ganzen Stücken* – Verquickung von „aus freien Stücken" und „von ganzem Herzen".

Doppeldeutigkeit vermeiden!
Vgl. rechte Spalte: In dem Beispiel *Jenny Treibel wird sentimental dargestellt* ist „sentimental" von der Satzstellung her eine adverbiale Bestimmung. Das aber würde heißen, dass die Darstellungsweise sentimental ist und nicht Jenny.

Der Autor macht sich über die Bildzeitung lächerlich.
A = W
richtig: lustig

In dem Zuhörer sollen Emotionen impliziert werden.
A = Wort
richtig: evoziert oder geweckt

Erna E. benutzt falsche Artikel (vgl. „... wegen die Kinder ...").
A = W
richtig: Kasus

Der Verfasser sagt, dass schon damals die Schaulustigkeit des Todes um sich schlug.
A = Neologismus
A = unpassendes Bild

Der Text berichtet von einem Ingenieur und handelt im Präteritum.
A = unangemessen Personifizierung von „Text"

Mephisto versucht das ganze Drama über Faust zu verführen.
A Vermischung von Form u. Inhalt
A = doppeldeutig

Jenny Treibel wird sentimental dargestellt.
A = nicht eindeutig! ⌐ als sentimentale

Leopold ist ganz scharf auf Corinna, aber er traut sich nicht sie anzumachen.
A = umg.
A = umg.

Um acht Uhr musste er nach Hause.
⌐ gehen
müssen = Hilfsverb

Das ist mal was Neues.
umg. besser: einmal etwas

Ausdruck – falsch oder unangemessen?

ÜBUNG 1

Versuchen Sie die folgenden Fehlerbeispiele zu verbessern. Klassifizieren Sie nach „falsch" und „unangemessen". Welchen Normen widersprechen sie? (Lösungsvorschläge im Lösungsheft.)

1. Im dritten Abschnitt des Kapitels reitet Leopold nach Treptow und in Zeile 27 begrüßt er den Kellner freundlich.

2. Bei Treibels will man auf jede Art und Weise seinen Reichtum preisgeben.

3. Die Sprache Professor Schmidts ist hochgestochen und geschwollen.

4. Der Erzähler stellt Jenny Treibel als eine Frau dar, die für Geld alle Gefühle vergießt und dass sie gar nicht so sentimental ist, wie sie sich nach außen hingibt.

5. Corinna flirtet stark mit Mr. Nelson.

6. Leopold hat nicht den Mut, seinen Entschluss, sich mit Corinna zu verloben, durchzuziehen, er wirkt sehr einschüchternd.

7. Faber sucht mit Sabeth im nächtlichen Griechenland einen Feigenbaum zum Übernachten.

8. Zum Anfang seiner Rede wirft Richard von Weizsäcker eine Akkumulation von Fragen in den Raum.

9. Als man Werther zu verstehen gibt, dass sein Erscheinen in diesem Kreis von Adligen unpassend sei, flippt er aus.

Stilebenen

Schriftsprache

gehoben/dichterisch	Bildungssprache	Amts- und Behördensprache
z. B. sonder-, ohnegleichen, titanisch	z. B. exzeptionell, eminent, epochal, formidabel	z. B. zweckoptimiert, maximaleffizient

(Normal-)Standard

z. B. außergewöhnlich, beispiellos, genial, hervorragend, meisterhaft

Umgangssprache

familiär, salopp	Jargon	vulgär
z. B. toll, sagenhaft, Spitze, knorke	z. B. super, stark, echt geil	z. B. saugeil

Formal- und Inhaltsebene nicht miteinander vermischen!

Formalebene: Art der Darstellung, z. B. Textgattung (z. B. Roman, Drama, Gedicht), Erzähltechnik, äußerer Aufbau (z. B. Kapitel, Akt, Strophe), Drucktechnik (z. B. Seiten- und Zeilenangabe).

Inhaltsebene: die dargestellte Wirklichkeit im Text (Handlung, Beschreibung, Stimmung).

Vgl. Beispiel, S. 42: „Der Text berichtet ... und handelt im Präteritum." Ein Text berichtet und handelt nicht; das Beispiel müsste also lauten: „Im Text wird berichtet… und das Tempus der Erzählung ist das Präteritum." So kann auch Mephisto nicht versuchen „das ganze Drama über Faust zu verführen", sondern das Drama kann allenfalls einen Mephisto zeigen, der vom Anfang bis zum Ende ihres Zusammenseins versucht Faust zu verführen.

Keine neuen Wörter (Neologismen) bilden!

Es gibt zwar „schaulustig" und die „Schaulustigen", nicht aber „Schaulustigkeit", sondern „Schaulust".

Angemessenheitsnormen

Nicht unterschiedliche Stilebenen miteinander vermischen!

Man unterscheidet

1. Schrift- oder Standardsprache

Diese reicht von der gehobenen oder dichterischen (z. B. *wandeln*, *wundersam*) über die Bildungs- (z. B. *sublim*, *nuanciert*) bis zur Amts- oder Behördensprache (*bezüglich*, *Instandsetzung*). Eine Mitte zwischen poetisch und bürokratisch zu wählen wäre ratsam.

2. Umgangssprache

Diese reicht von einem familiären (z. B. *motzen*, *Mist bauen*) über einen saloppen (z. B. *den Job schmeißen*, *in die Pfanne hauen*) bis zu einem vulgären Ton (z. B. *bescheißen*).

Innerhalb der Umgangssprache besonders beliebt ist der Jargon (z. B. *anbaggern*, *super*, *echt geil* usw.).

Tipp

Wichtige Prinzipien für Klausuren sind deshalb z. B. Sachlichkeit, Eindeutigkeit, Treffsicherheit, fachterminologische Prägnanz, Anschaulichkeit, Einheitlichkeit des schriftsprachlichen Stils sowie Vermeidung von Klischees und Leerformeln.

Formulierungsprobleme

Wichtige Hinweise finden Sie auf S. 42 f., die Sie als Einleitung zu dieser Lektion durcharbeiten sollten.

Für unsere Zwecke ist die folgende Definition von Karl-Dieter Bünting hinreichend:

„Stil ist die von einem Schreiber gewählte sprachliche Ausdrucksweise eines Textes. Guter Stil ist eine angemessene und deshalb wirkungsvolle Ausdrucksweise für den jeweiligen Text; guter Stil ist somit abhängig vom Gebrauchszusammenhang des Textes."
(*Karl-Dieter Bünting*, Auf gut Deutsch)

Semantisch: Sachgerecht und differenziert formulieren!

Syntaktisch: Sprachlich richtig und angemessen formulieren!

Pragmatisch: Situations- und adressatengerecht formulieren!

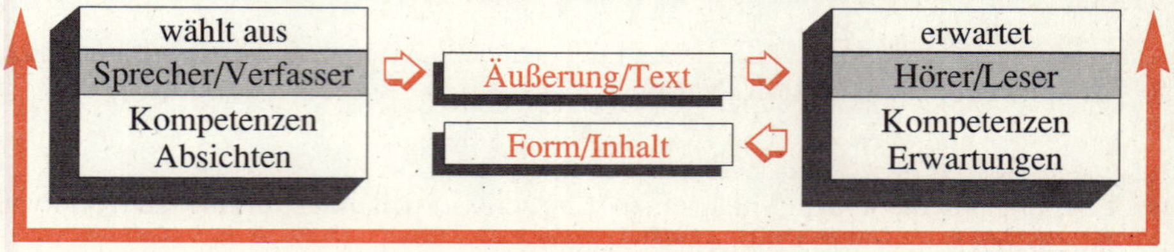

Die folgenden Regeln werden weitgehend als „Stilnormen" anerkannt:

1. Schreiben Sie möglichst knapp und klar, vermeiden Sie Klischees, Phrasen und Überflüssiges!

Problematisch:
Die breite Masse der einfachen Arbeiter ist als solche politisch relativ wirkungslos, wenn sie sich nicht bewusst gewerkschaftlich organisiert.
Besser:
Wenn die Arbeiter sich gewerkschaftlich organisieren, dann haben sie politisch größeren Einfluss.

2. Schreiben Sie für Ihre Adressaten möglichst eindeutig!

Problematisch:
Fausts Verhalten Gretchen gegenüber finde ich irgendwie nicht richtig.
Besser:
Ich finde Fausts Verhalten Gretchen gegenüber nicht richtig, weil…

3. Schreiben Sie logisch, also widerspruchsfrei, zusammenhängend und folgerichtig!

Problematisch:
Anfangs äußert der Autor seine persönliche Meinung, die jedoch später erläutert wird. (Wieso „jedoch"?)
Besser:
Anfangs äußert der Autor seine Meinung, die er später erläutert. Darin sehe ich einen Widerspruch, weil…

4. Variieren Sie Ihren Satzbau, besonders die Satzanfänge, um Monotonie zu vermeiden!

5. Beachten Sie, dass Sie für einen „fremden" Adressaten schreiben, der Ihre momentane Situation vielleicht nur bedingt kennt und keine spontanen Nachfragemöglichkeiten hat! Formulieren Sie also „situationsunabhängig".

Problematisch:
Mein Text besagt, dass…
Besser:
Der mir vorliegende Text von… aus dem Jahre… besagt, dass…

6. Bei schriftlichen Äußerungen entfallen Aspekte der mündlichen Kommunikation, z. B. Mimik, Gestik und Intonation. Wenn Sie also z. B. etwas ironisch meinen, dann müssen Sie dies deutlich ausdrücken!

Problematisch:
Faust erweist sich Gretchen gegenüber als wahrer Mann...
Besser:
Faust erweist sich Gretchen gegenüber als ein Mann, der wenig rücksichtsvoll und sensibel ist, weil...

7. Wählen Sie einen textartenspezifischen Stil: Während Sie z. B. bei einer Gedichtinterpretation durchaus persönliche Gefühle einbringen können, sollten Sie bei einer Erörterung weitgehend sachlich-neutral formulieren!

8. Vermeiden Sie den „amtsdeutschen" Nominalstil und verwenden Sie stattdessen Verben!

Problematisch:
Es ist in Erwägung zu stellen...
Besser:
Es ist zu erwägen...

9. Vermeiden Sie unnötig lange („hypotaktische") Sätze, womit Sie auch einige Kommafehler umgehen können. Vereinfachen Sie Ihren Satzbau und ziehen Sie Teile des Prädikats vor!

Problematisch:
Das Auto wies Mängel, die man hätte beheben können, wenn es früher in die Werkstatt gebracht worden wäre, auf.
Besser:
Das Auto wies Mängel auf. Man hätte sie beheben können, wenn es früher in eine Werkstatt gebracht worden wäre.

ÜBUNG 1

Nehmen wir an, Sie hätten einen reichen, kinderlosen Onkel, der Ihnen vielleicht Geld hinterlassen könnte, und nehmen wir an, jemand fragte Sie danach.

Sie können aus folgenden Formulierungen wählen: Mein Onkel… ist ein Krösus…, verfügt über erhebliche finanzielle Mittel…, hat viel Geld…, fette Kohle…, ordentlich Moos…, echt Schotter…, stinkt nach Geld…, ist mein Erbonkel…

Wie lautet Ihre Antwort, wenn Sie

1. ein Familienmitglied (z.B. eine alte Tante) fragt,

---

2. Ihr engster Freund fragt, dem Sie auch signalisieren möchten, dass Sie Ihren Onkel eigentlich nicht mögen,

---

3. Ihre Bank bei der Aufnahme eines Kredits fragt, welche Sicherheiten Sie zu bieten haben,

---

4. auf einer Party irgendein guter Freund fragt,

---

5. eine „Respektsperson" ganz unverbindlich fragt?

Wiederholungen

Tipp

Suchen Sie Synonyme (gleichbedeutende Wörter) für einen Begriff und variieren Sie die Satzanfänge. Formulieren Sie abwechslungsreich!

Prägen Sie sich die folgenden Formulierungsvarianten ein, die gleichzeitig die Wiedergabe einer Textargumentation logisch strukturieren:

Georg Büchner beginnt seine Ausführungen mit der These:…

Dabei betont er besonders…

Anschließend behauptet er…

Büchner ist der Meinung, dass…

Er begründet dies mit…

Außerdem hebt er hervor, dass…

Als Dichter vertritt er die Auffassung, dass…

Entschieden wendet er sich gegen die Meinung…

Weiterhin betont er…

Außerdem weist er darauf hin, dass…

Ferner stellt er dar, wie…

Dann besteht er darauf, dass…

Er verweist in diesem Zusammenhang auf…

Büchner macht andererseits deutlich, dass…

Als Begründung führt er… an.

Er nennt als Beispiel…

Dann beruft er sich auf…

Wichtig ist, dass der Autor…

Büchner kommt zu dem Schluss, dass…

Meiner Meinung nach ist Büchners Argumentation nicht schlüssig, weil…

Seine These… überzeugt mich nicht, weil…

Ich bin im Gegenteil der Meinung, dass…

In der Regel erwartet der Leser vom Autor eine abwechslungsreiche (variierende) Ausdrucksweise. Die monotone Wiederholung einzelner Wörter oder Satzanfänge wird meistens als leserunfreundlich, langweilig und einfallslos empfunden. Stilistisch gilt in der Regel das Gebot der Variation, wenn die Genauigkeit der Aussage dadurch nicht beeinträchtigt wird.

ÜBUNG 1

Lesen Sie unter dem Gesichtspunkt „Wiederholungen" den folgenden Anfang einer Klausur der Jahrgangsstufe 12:

Der vorliegende Text wurde von Georg Büchner verfasst. Büchner schreibt diesen Brief an seine Familie am 28. Juli 1835. Büchner schreibt, dass der „dramatische Dichter [...] nichts als ein Geschichtsschreiber" (Z. 16 f.) sei. Büchner schreibt weiter, dass der Dichter über dem Geschichtsschreiber stehe (vgl. Z. 17 f.). Büchner schreibt dann, dass der Dichter (Büchners Meinung nach!) „die Geschichte zum zweiten Mal erschafft" (Z. 18 f.).

Unterstreichen Sie die Ihnen unangenehm auffallenden Wiederholungen und verfassen Sie dann eine stilistisch bessere Variante dieses Textes.

Wenig gelungen:
Neben einem eine andere Szene darstellenden Bild wurde ein weiteres Bild aufgehängt.
Besser:
Neben einem Gemälde, das eine andere Szene darstellte, wurde noch ein weiteres Bild aufgehängt.

Eine Wiederholung sollte auch dann vermieden werden, wenn das Wort in verschiedener Bedeutung gebraucht wird.

Wenig gelungen:
Um Zeit zu gewinnen verreiste sie für eine längere Zeit.
Besser:
Sie verreiste mehrere Wochen um Zeit zu gewinnen.

Allerdings sollte der „Wechsel bloß um des Wechsels willen" nicht zur stilistischen Manie werden. Dem stilistischen Variationszwang scheinen insbesondere Journalisten mehr und mehr zu erliegen, z. B. *Boris Becker... Der Leimener... Als mehrfacher Wimbledon-Sieger... Der Vater eines Kindes... Als Olympiasieger im Doppel...*
Das simple „Er" und die Änderung des Satzbaus (z. B. das vorgezogene „Deshalb") genügen dem Prinzip der Variation durchaus.

Zum verärgerten „Kreuzworträtselrater“ (E. C. Hirsch) wird der Leser schließlich, wenn er sich z. B. mit folgenden Varianten herumschlagen muss: *die Metropole an der Donau* (Wien), *die Stadt am Tiber/die Ewige Stadt* (Rom), *der Vierbeiner/der treueste Freund des Menschen* (Hund), *der ehemalige Präsident des Verfassungsgerichts* (Bundespräsident Herzog), *der ehemalige Geschichtslehrer* (Bundeskanzler Kohl) usw.

Ausnahmen

Wiederholungen können auch unvermeidlich, gewollt und sinnvoll sein.

In Fachtexten gibt es für präzise Fachausdrücke oft keine Synonyme. Aus Gründen der Genauigkeit lässt sich deshalb die Wiederholung von Fachausdrücken häufig nicht vermeiden.

Beispiel:
Der *Herzinfarkt* ist eine der häufigsten Todesursachen. Unter „*Herzinfarkt*“ versteht man… Ein *Herzinfarkt* kann verschiedene Ursachen haben…

In der poetischen Sprache kann die Wiederholung bewusst als rhetorisches Mittel eingesetzt werden, z. B. um einen bestimmten Rhythmus zu erreichen und/oder die Intensität des Ausdrucks zu steigern.

Beispiele:
Berühmt ist Caesars „Veni, vidi, vici“ (*Ich* kam. *Ich* sah. *Ich* siegte.), mit dem er seine tatkräftige, in kurzer Zeit vollbrachte Leistung knapp und treffend formuliert.
Bekannt ist auch der Vers aus Goethes Ballade „Der Fischer“: „Das Wasser rauscht', das Wasser schwoll…“ Es handelt sich hier um die Kombination zweier rhetorischer Mittel (Anapher = Wiederholung wichtiger Wörter an Vers-/Satzanfängen – und Parallelismus = Wiederholung gleicher syntaktischer Fügungen). Dadurch wird die Bedrohlichkeit des Wassers, das den Fischer verschlingt, besonders intensiv ausgedrückt.

ÜBUNG 2

Unterstreichen Sie im folgenden Text die unnötigen Wiederholungen und verfassen Sie eine stilistisch gelungenere Textvariante.

Ich stand an der Kreuzung Kölner Str./Kruppstr. Ich sah, dass die Ampel grün war. Ich bin da ganz sicher! Ich fuhr also über die Kreuzung. Plötzlich rammte mich von rechts ein anderes Auto. Dieses Auto kam ganz plötzlich mit hoher Geschwindigkeit. Es kam für mich völlig unerwartet. Es krachte also. Als ich wieder zu mir kam, kam ein Notarzt. Dann brachte man mich in den Rettungswagen. Dann fuhr man mich ins Krankenhaus. Und dann wurde ich operiert. Ich verblieb zwei Wochen im Krankenhaus und verbleibe mit freundlichen Grüßen...

Eine Folge gleich klingender Kurzwörter wirkt stilistisch unschön, z. B.: *Der, der* Frau geholfen hat, war ein mutiger Mensch.
Besser:
Derjenige, welcher der Frau geholfen hat, war ein mutiger Mensch.

Die Wiederholung von Gliedern der gleichen Wortfamilie will sehr gut überlegt sein, z. B.: Er *kämpfte* einen aussichtslosen *Kampf*.
Eventuell (!) besser: Sein Kampf war aussichtslos.

Wenn Sie etwas besonders nachdrücklich betonen wollen, können Sie das Stilmittel der wörtlichen Wiederholung (extreme Akkumulation) – sparsam – verwenden, z. B.: Wir mussten *lernen, lernen* und nochmals *lernen*!

Schauen Sie sich einmal die Werbung unter dem Gesichtspunkt der Wiederholung an! Sie werden hier häufig die bewusste Wiederholung z. B. des Produktnamens finden mit dem psychologischen Ziel, dass der Verbraucher sich diesen Produktnamen einprägt.

Die Wiederholung kann schließlich auch demagogischen (das Volk irreführenden) Zwecken dienen (vgl. Goebbels' Rede über den „totalen Krieg“). Mancher spekuliert bis heute darauf, dass die ständige Wiederholung von Unwahrheiten diese schließlich als wahr erscheinen lässt.

Unklare Beziehungen

Geschlechterkämpfe

Das grammatische Geschlecht (Genus) von Bezeichnungen für Lebewesen stimmt nicht immer mit deren natürlichem Geschlecht (Sexus) überein: Grammatikalisch ist *eine Männerhorde* weiblich, *ein Damenchor* männlich; *ein Männlein, ein Bübchen* oder *ein Mädchen* sind sächlich. Deshalb unterlaufen – wenn man statt nach der Grammatik nach dem Sinn entscheidet – Fehler wie die folgenden: *Das Mädchen, die* (richtig: *das!*) *mit ihm am Tisch gesessen hatte, nahm ihren Mantel* (richtig, wenn auch missdeutbar: *seinen Mantel!*) *und ging zur Tür.*

Das Pronomen, das sich ggf. auf dieses sächliche Substantiv/Nomen bezieht, darf nur dann weiblich sein, wenn es nicht unmittelbar folgt, z. B.: *Sie ging zur Tür*. Im Zweifelsfall (vgl. *seinen Mantel*) empfiehlt sich eine Umformulierung (*...nahm den Mantel/…die junge Frau*). Tritt zu *Fräulein* ein Name, zeigt das Pronomen weibliches Genus.

Texttitel, Namen und Zitate

Im Allgemeinen steht das Verb im Plural, wenn der bestimmte Artikel mit zum – pluralischen! – Titel einer Zeitung, eines Theaterstückes, eines Buches gehört, z. B.:
…wie die Erfurter Nachrichten meldeten… „Die toten Augen von London" sind ein Kriminalroman von Edgar Wallace.
Dies gilt natürlich nicht, wenn der Gattungsname im Singular vorangestellt ist, z. B.:
Das Drama „Die Nashörner" ist ein Meisterwerk des absurden Theaters.

Achtung!

Das Verb steht im Singular, wenn
– der pluralische Titel keinen Artikel aufweist, z. B.: *„Hundejahre" ist der dritte Teil der „Danziger Trilogie" von G. Grass,*
– der Titel mehrteilig ist und mit *und* verbunden ist, z. B.: *„Der Wolf und die sieben Geißlein" hat je nach Region einen anderen Schluss,*
– ein Wort oder eine Redewendung – in Anführungsstrichen – zitiert wird, z. B.: *„Lügen haben kurze Beine" ist ein Sprichwort; „Kommata" war früher der einzig korrekte Plural zu „Komma".*

„Eine Reihe von Geistern haben den Tabakrauch verabscheut."

Gewöhnlich verlangt die Grammatik, dass Satzglieder, die syntaktisch zusammengehören, der Form nach aufeinander abgestimmt werden: in Genus, Kasus, Numerus und Person. Diese formale Übereinstimmung nennt man **Kongruenz**; und die macht häufig Schwierigkeiten.
Abweichungen/Verstöße sind aber nicht nur in der Umgangssprache anzutreffen, sondern auch in der Standardsprache und Literatur, wie der Satz in der Überschrift zeigt. Das (verkürzte) Zitat stammt von Thomas Mann. Mit einem Hauch von Anti-Nikotin-Werbung (inhaltlich), aber gegen jede (grammatische) Kongruenz schriftstellerte Literaturnobelpreisträger Mann: „Eine Reihe von edlen und nüchternen Geistern haben den Tabakrauch verabscheut."
Auf das singularische Subjekt sollte im Prädikatsverb eigentlich auch der Singular folgen: *Eine Reihe hat*... Doch kam's dem Dichter wohl mehr auf die „edlen und nüchternen Geister" als auf die vage Mengenangabe an. Also triumphieren Inhalt, Sinn und Intention über die sture Grammatikregel. Und der Duden toleriert's; wie in anderen Fällen ebenfalls.
Wo also darf man nun dem Satzsinn die Entscheidung überlassen? Und wo muss man sich regeltreu der grammatischen Kongruenz beugen?
In den Tabellen werden die wichtigsten Fälle erläutert.

Mehrteilige Subjekte

Einzelne Teile im Singular	**Prädikatsverb**
Aufzählung mit *und* verbunden bzw. ohne Verbindung (Komma). Beispiele: Brot und Wein *waren*…; Auge, Ohr, Nase *sind*…	Grundregel: üblicherweise Plural
Den Subjektteilen ist *kein, jeder, mancher* vorangestellt. Beispiel: Jeder Schüler und jede Schülerin *muss*…	gewöhnlich Singular
Subjektteile sind verbunden durch (*entweder*)...*oder, nicht nur*…, *sondern auch, beziehungsweise* (*bzw.*). Beispiel: Nicht nur Vater, sondern auch Mutter *hat* gesagt…	gewöhnlich Singular
Subjektteile bestehen aus Infinitiven ohne Artikel. Beispiel: Zu lesen und Musik zu hören *macht*…	meistens Singular
Redewendungen, feste Formeln, Subjekte bilden eine Einheit. Beispiel: Grund und Boden *darf* enteignet werden.	Singular
Subjekte folgen dem Verb in Form von Aufzählungen. Beispiel: Als Baustoff *dient*: Lehm, Stroh…	Singular bevorzugt

ÜBUNG 1

Unterstreichen Sie die passende Form bzw. die passenden Formen des finiten Verbs.

1. Morgen soll/sollen entweder Schnee oder Hagel kommen.
2. Viele Grüße sendet/senden dir Karla mit den Kindern.
3. Je ein Exemplar dieser Ausgabe wurde/wurden verschickt.
4. Das Drama „Die Räuber" hatte/hatten großen Erfolg.
5. Die „Berliner Nachrichten" erwähnte/erwähnten das Geschehen.
6. Die Firma Schlauch & Co. sucht/suchen Schlosser.
7. Groß und Klein tanzte/tanzten auf dem Marktplatz.
8. Seine fachliche Qualifikation und seine charakterliche Haltung ist/sind tadellos.
9. Manch ein Lehrer und manch ein Pfarrer ist/sind heute überfordert.
10. Die berufliche und die wissenschaftliche Voraussetzung ist/sind bei den Bewerbern gegeben.
11. „Die Schöne und das Biest" lockte/lockten viele Zuschauer ins Kino.
12. Warten und Schweigen ist/sind anstrengend.
13. Weder Schiller noch seine Frau fühlte/fühlten sich in Weimar wirklich wohl.
14. Ich hoffe, dass du und Jürgen die Ferien genießen/genießt.
15. Über deinen Brief hat/haben mein Vater und ich sich/uns gefreut.
16. Hat/Haben das Karla oder Fritz getan?

Mengenangaben

Subjekt mit Mengenangaben		**Prädikatsverb**
Mengenangabe im Singular, z. B. *Pfund, Kilo, Paar, Haufen, Anzahl, Gruppe, Hälfte, Schwarm, Herde, Reihe, Teil* usw.	Sachbenennung im Plural, z. B. *Eier, Erbsen, Mücken, Kühe, Einwohner, Übungen, Fehler* usw.	üblicherweise Singular, z. B.: *Ein Trupp Jungen kam.* Plural auch möglich, wenn Mengenangabe unbestimmt erscheint, z. B.: *Ein Dutzend Autofahrer hupte/hupten; die Art Feste ist/sind*
Bruch-/Dezimal-/Prozentzahlen im Plural, z. B. *1,5 l, 0,8 m, 0,20 DM, 0,2 g, vier Fünftel*	Sachbenennung im Genitiv des Singulars, z. B. eines Landes	immer Plural, z. B. *20% der Erde besitzen; zwei Drittel der Rede sind*
	kein Genitiv *0,8 m Stoff*	auch Singular möglich, z. B. *0,5 l Milch kostet/kosten*

ÜBUNG 2

Unterstreichen Sie die passende Form bzw. die passenden Formen des finiten Verbs.

1. Es wird/werden acht Stunden dazu benötigt.
2. Ein kg Kupfer wurde/wurden gestohlen.
3. Eine Menge gelber Birnen lag/lagen auf der Wiese.
4. 2 kg Marzipan wurde/wurden verbraucht.
5. 80% des Bauholzes zeigte/zeigten Risse.
6. 0,80 DM ist/sind in Briefmarken beigelegt.

Stark oder schwach: Adjektive

Die Adjektive können unterschiedlich dekliniert werden: nach der starken oder der schwachen Deklination, z. B. *fetter Speck* (gegenüber) *der fette Speck*; *magere Jahre* (gegenüber) *die mageren Jahre*. Stark werden Adjektive dann dekliniert, wenn weder ein Artikel noch ein Pronomen noch ein Zahlwort vorausgeht bzw. wenn das vorausgehende Pronomen oder Zahlwort ohne Endung ist.

Besondere Schwierigkeiten treten vor allem auf, wenn
– mehrere Adjektive vor einem Substantiv stehen; dies besonders nach einer Präposition, die den Dativ regiert, z. B. *in neuem, aber noch hässlicherem Lay-out; mit munterem sächsischem Tonfall* usw.
– ein Adjektiv auf ein endungsloses Possessivpronomen folgt, z. B. *euer an die Betriebsleitung gerichteter Brief...*
– die Relativ- oder Demonstrativpronomen *dessen* und *deren* dem Adjektiv vorangehen, z. B. *ein Rundgang durch die Innenstadt und deren neue Einkaufspassage; das Buch, auf dessen prächtigem Einband...*

Nicht nur in Mathe: Ellipsen...

In der Grammatik bezeichnet man die Auslassung von Satzteilen als **Ellipse**; dies kommt v. a. bei Wiederholungen (aus Ersparnisgründen) vor; zum Beispiel bei gleich lautenden Subjekten, die durch Adjektive näher bestimmt werden: *Die grobe (Mettwurst) und die feine Mettwurst werden (!) von der Kundschaft kaum noch verlangt.*
Das Verb steht dennoch im Plural. Allerdings rückt man – besonders bei Abstrakta – häufig davon ab, z. B. *Das Alte und Neue Testament erscheint* (neben: *erscheinen*) *in einem Band; die Land- und Bauwirtschaft stagniert* (neben: *stagnieren*).

Wenn unterschiedliche Personen im Subjekt zusammentreffen...

... dann versucht man über die Pronomen (*wir, ihr*) einen gemeinsamen Nenner zu finden, z. B. *Meine Frau und ich* (= *wir*) *trennen uns; du, Petra, und der Hausmeister* (= *ihr*!) *ärgertet euch* (und nicht: *ärgerten sich*!).

Satzbau: Die Sache auf den Punkt bringen!

Achtung!

Ein geschriebener Satz ist auf jeden Fall dann zu lang, wenn der Schreiber zum Satzanfang zurückgehen muss um den „Faden wiederzufinden", weil er selbst den Gedankengang und die Satzkonstruktion nicht mehr überblickt.

Rein theoretisch kann der Umfang eines deutschen Satzes aus unendlich vielen Wörtern bestehen. Aber wer möchte einen solchen Satz lesen wollen. Nach 50 oder 70 Wörtern steigt beim normalen Leser der Gedanke auf, hier handele es sich um eine besondere Art der Folter. Und natürlich kommen solche Mammutsätze in der gesprochenen Rede gar nicht vor. Nur Papier erträgt sie geduldig.

Faustregel

Die Ideallänge einer Satzeinheit (Hauptsatz oder Nebensatz) liegt zwischen 6 und 15 Wörtern.

Eine oder zwei Silben sind die ideale Wortlänge: Zusammengesetzte Wörter mit 5 oder mehr Silben sind nur noch schwer verständlich.

Die Wahrnehmungspsychologie sagt, dass unser Kurzzeitgedächtnis „Einheiten von drei Sekunden" leicht aufnimmt und überschaut.
Beim Lesen sind das 12 bis 15 Silben oder Wörter – je nachdem wie gut wir „drauf" sind, wie verständlich oder wie kompliziert die Sachverhalte, wie klar oder verwirrend die Sätze oder aber auch Wörter sind. Denn so wie es Mammutsätze gibt, gibt es auch Mammutwörter (z. B. *Interpretationsdiskrepanzen, leseförderungspraktische Werbemaßnahmen*).

Die kürzesten Sätze im Deutschen sind Einwortsätze (Beispiel: „Komm!"). Bei schriftlichen Arbeiten überwiegen die langen Sätze – manchmal viel zu lange. Denn durch Einschübe lassen sich Hauptsätze erweitern. Durch Attribute und nahezu unbegrenzt viele adverbiale Bestimmungen kann die Hauptaussage präzisiert werden. Demselben Zweck dienen die vielen verschiedenartigen Nebensätze. Aber gerade weil dies so ist, kann sich der erweiterte Hauptsatz (Satzgefüge; Gliedsatzkonstruktion) zu einem gewaltigen Ungetüm aufblähen.
Der Stil wird unbeholfen, die Satzgrammatik gerät aus den Fugen, der Sinn wird verworren...

Folgende Hauptfehler sollten Sie vermeiden:

(beim Prädikat:) keine Trennblöcke

(bei adverbialer Bestimmung:) keine Schlangen

(bei Relativ- und dass-Satz:) keine Treppen

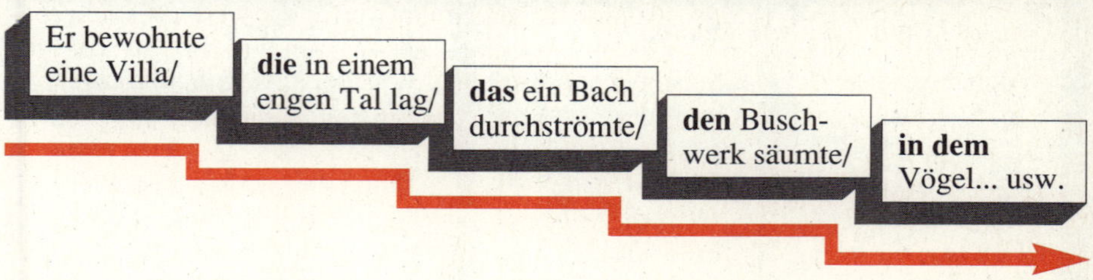

(bei Nebensätzen:) keine Schachteln

ÜBUNG 1

Verbessern Sie folgende Sätze:

1. Die Mischung, die den Frühstücksquark, der jetzt neu im Angebot ist, so würzig macht, basiert auf Thymian.

2. Der Weg führte ins Tal, das in der Sonne lag, hinab.

3. Die Tatsache, dass die Regierung behauptet, dass sie von Waffenverkäufen nichts gewusst habe, gibt zu denken.

Für Haupt- und Nebensätze gilt in der Regel Folgendes:

1. Hauptmitteilungen gehören in Hauptsätze.
2. Nebensächlicheres gehört in die Nebensätze.
3. Die Hauptsachen gehören an den Satzanfang; deshalb kommen Nebensätze meist nach den Hauptsätzen.
4. Zu lange oder mehrgliedrige Nebensätze vermeiden.
5. Nicht zu häufig mit verkappten Nebensätzen arbeiten (Partizipial- und Nominalkonstruktionen, Parenthesen oder Angaben in Klammern).
6. Die Teile jedes Satzes (ob Haupt- oder Nebensatz) stets zusammenhalten.

ÜBUNG 2

Bearbeiten Sie die folgende monströse Satzperiode.
Setzen Sie die „Hauptsachen" in vier oder fünf Hauptsätze. Lassen Sie nur das in Nebensätzen, was auch „Nebensachen" sind. Halten Sie die einzelnen Sachverhalte/Gedanken als Sinneinheiten zusammen. Vor allem: Kürzen Sie!

Die Chemieklausur des Grundkurses der Jahrgangsstufe 11, die diesmal ungewöhnlich früh, gemessen an den sonst üblichen Terminierungen im 2. Kursabschnitt, angesetzt worden war und wie gewöhnlich im Großraum des Oberstufengebäudes, der im obersten Stockwerk, also direkt unter dem Flachdach, liegt, stattfinden sollte, musste auf Grund des Einbruchs der unerwartet großen Mengen des in der Nacht zuvor niedergegangenen Regenwassers, was vorher zwar schon einmal, allerdings nicht mit annähernd so katastrophalen Folgen geschehen war, wegen der völligen Unbenutzbarkeit des Raumes und auch, weil kein Ausweichraum verfügbar war, auf einen späteren Zeitpunkt – vorletzte bzw. letzte Juniwoche – verschoben werden, was glücklicherweise, weil der ursprüngliche Klausurtermin so früh lag, dass es leicht war, dass er verlegt werden konnte, nicht dazu führte, dass es für die Kursteilnehmer zu Schwierigkeiten kam.

Satzbaupläne variieren

Zum Bauplan eines Hauptsatzes gehören das Prädikat und das Subjekt. Hinzu treten meist noch Objekte, adverbiale Bestimmungen und Attribute (beigefügte Adjektive, Genitive usw.). Damit kommen wir schnell an die Grenze unseres Idealmaßes (12 bis 15 Wörter). Also Luft holen, den Lesern (und sich selbst!) eine Pause gönnen, einen Punkt setzen. Aber niemand möchte in einem längeren Text nur Hauptsätze lesen; vor allem dann nicht, wenn diese nach immer demselben Satzbauplan „gestrickt" sind. Auch bei Nebensätzen führt solch ein „Strickmuster" zu Monotonie!

Monotonie vermeiden

Nicht mit demselben Subjekt bei hintereinander folgenden Sätzen beginnen (*Die Autorin hat…/Die Autorin will damit…* usw.).

Nicht mit demselben Adverb beginnen (*Danach geht…/Danach kommt…*; *Dann/Dann*; *So/So*).

Auch nicht mit derselben Konjunktion mehrere Nebensätze hintereinander beginnen (*Er will, dass…, dass…, dass…; Diese Wirkung entsteht, weil…, weil…, weil*).

Oft gelten lange Sätze als Beweis stilistischen Könnens oder besonderer Intelligenz. Wir halten aber die Meinung für falsch, dass sich komplizierte Sachverhalte nur in komplizierten Satzkonstruktionen darstellen ließen. Denn zu oft stören sie die Übersicht und den Sinn. Zählen Sie einmal die Sätze einer Ihrer Klausuren durch: Meist überwiegen die (zu) langen Sätze. Achten Sie dann verstärkt auf die 3-Sekunden-Einheiten. Diese gelten auch für einzelne Nebensätze.

Deshalb:

Nicht zu viele Adjektive oder Partizipien als Attribut (*diese aufmunternde, eindringliche, folglich nachhaltig gelobte Rede*).

Nicht mehrere Genitivattribute hintereinander (*die Wahl des Ortes der 2. Szene des 3. Aktes*).

Auch nicht zu viele adverbiale Bestimmungen, Parenthesen oder Einschübe (Klammern) in einem Satz.

Unpassende Bilder und Vergleiche

„Meine Karre säuft immer ab.“

Das könnte ein Bauarbeiter sagen, der mit seinen Schubkarren immer aufs Neue durch ein Schlammloch fährt (statt darum herumzufahren) und eine Karre nach der anderen versinkt im Morast…
Aber wahrscheinlich haben auch Sie bei „Karre“ an ein (altes) Auto gedacht und bei „Absaufen“ an das Einnässen der Zündkerzen mit Treibstoff. Dann ließe sich der Inhalt des Satzes – ganz unmetaphorisch – etwa so benennen: „Mein Auto hat Vergaserprobleme; vielleicht ist die Benzinzufuhr zu hoch.“

Durch die indirekten Vergleiche (Metaphern: *Karre*; *absaufen*) scheint das Gemeinte weniger abstrakt, u. U. leichter fassbar. Die Ausdrucksweise/der Stil ist bildhafter. Wörter wurden aus dem einen Bedeutungsbereich, zu dem sie ursprünglich gehörten, in einen anderen Zusammenhang transportiert (Metaphorik = Übertragung).
Nur gibt es leider keine Garantie dafür, dass das Gemeinte durch bildhaftes Sprechen prinzipiell anschaulicher/klarer wird oder dass jede Metapher zu jedem Inhalt passt.

Die Sprache ist ein *Bilderbuch*. Wörter sind *gefrorene* Bilder. In abertausenden Wörtern und Redewendungen *tritt* uns die Welt bildhaft *vors Auge*. Wenn wir erzählen oder *schildern*, fühlen wir uns aufgefordert, dies *plastisch*, *farbig* und nicht *trocken*, *steif* oder *spröde* zu tun.
Um Ihnen den Sachverhalt *schlaglichtartig zu beleuchten*, sind hier durch Kursivdruck alle Wörter hervorgehoben worden, in denen sich Bilder *verstecken*.
Beim metaphorischen Sprechen – so nennt man die Verwendung sprachlicher Bilder – kann man allerdings leicht *danebenhauen* oder völlig *übers Ziel hinausschießen*. Die Fehler *lauern* dabei im Inhaltlichen (auf der Inhaltsseite) oder im Stilistischen (auf der Stilebene).

Inhaltsseite

1. „Bildbruch“ (Katachrese)

wie vom Blitz durchdonnert...
sie warfen Kopf und Kragen in die Waagschale...
farblose Rotstiftpolitik.../psychisch herzlos...

2. „Zu weit hergeholt“ (dunkle Metaphorik)

Wilhelm der II. war politisch nur ein Mittelklassewagen...
sie flüsterte wie ein kaputter Staubsauger...
pandabärenflink...

3. „Tabu-Bereiche“

pissegelbe Tulpen.../Schlappschwanz...
der Test schlug wie eine Granate ein...
Mastgänse-KZ...

Stilebene

4. „Stilbruch“

Maria Stuart sackte wie ein nasser Sack zusammen...

5. „Zu lange im Bild bleiben“

der Satzbau geht an Krücken...
die Wortwahl hinkt...
der Stil holpert und stolpert...

6. „Klischees“

Frühling mit silbernen Schwingen.../
Vater Rhein.../Küchenfee.../Durchhänger...

1. Bildbruch/Bildvermischung: Die einzelnen Bildteile passen im Inhalt nicht zusammen; das Bild ist sachlich schief, unlogisch oder unfreiwillig komisch.

2. Zu weit hergeholt/bezugslos („dunkle Metaphorik“): Im Zusammenhang mit dem Sachinhalt ruft das Bild Befremden hervor, bleibt inhaltlich unverständlich.

3. Tabu-Bereiche/peinliche Bilder: Die Bilder stammen aus Bereichen, die „öffentlich“ als unangenehm, peinlich oder historisch als problematisch gelten (Sexualität/Ausscheidungen, Militärwesen/Faschismus).

4. Stilbruch/Trivialisierung: Vermischen umgangssprachlicher Redewendungen mit Bildern/Sachverhalten auf höherem Niveau.

5. Zu lange im Bild bleiben: Überstrapazieren eines Bildes, Bildhäufung ohne neue Inhalte; auch Spiel mit den Ursprungsbedeutungen („der Zu-Griff des Be-griffs“).

6. Klischees: zu oft gehörte, veraltete, abgedroschene Bilder, aber auch neue Werbesprüche, Szenejargon.

ÜBUNG 1

Wogegen wurde bei den folgenden Beispielen verstoßen? Schreiben Sie die passende Ziffer (vgl. Schaubild auf S. 52) in die Klammern.

Der Fahrstuhl zerplatzte beim Aufprall wie eine Seifenblase. (a:)
Faust war völlig high von Gretchen. (b:)
glasklare Sprache (c:)
gütig wie ein Diamant (d:)
Die Friedensdemonstranten standen Gewehr bei Fuß. (e:)
In der Romantik schwebte man auch nicht immer auf Wolken, wuchsen die Bäume auch nicht nur in den Himmel, regnete daraus bereits saurer Regen. (f:)
popelig, nuttig (g:)
brach im Trommelfeuer der Gegenargumente zusammen (h:)
Werther fiel damit restlos auf die Schnauze. (i:)
zugedröhnt vom Gesang der Töchter des Erlkönigs (j:)

ÜBUNG 2

Die folgende „Rede des Dommeldörfer Sparkassendirektors" ist fiktiv (erfunden). Sie zeigt überdeutlich die Verwendung unpassender Bilder und misslungener Vergleiche. Sie zeigt außerdem, wie es jemandem geht, der zu einem – im Herzen ihm ganz fremden – Sachgebiet „Merk-Würdiges" sagen will.

Unterstreichen Sie die unpassenden/missglückten Bilder. Welche inhaltlichen oder stilistischen Fehler hat der Redner gemacht? Schreiben Sie eine stichwortartige Bewertung (Fehlerart mit Zeilenangabe) in die Spalte rechts neben dem Text.

Werte Freunde der Dommeldörfer Gemeindesparkasse,
verehrte versammelte Kulturgemeinde, liebes Ausstellungspublikum!

Es ist geschafft: Der Schweiß der langen grauen Wochen der Vorarbeit ist zwar literweise, aber nicht umsonst geflossen. Vor allem zwei Namen dürfen keinesfalls verschwiegen werden: Besonderer Lorbeer gebührt Frau Kempf und Fräulein Runge; sie haben unermüdlich „gekämpft" und „gerungen", haben wieder im Vorfeld zur diesjährigen Ausstellung in vorderster Front gestanden und alle organisatorischen wie sonstigen Steine mit ihrem üblichen Fleiß und Charme aus dem Weg geräumt.
Also darf unsere Ausstellung hier und heute ihre Pforten öffnen. Denn wir brauchen die Kunst wie das tägliche Brot. Sie versüßt uns den Alltag, der sich teils hektisch, teils zäh und schlabberig dahinschleppt. Andererseits stimmt Kunst auch ein kritisches Lied an, hält uns mit spitzem Pinsel ihren Spiegel vor oder geißelt die Gedankenlosigkeit, in die wir uns allzu oft verstricken. Und wenn wiederum die Musen der Kunst auf ihrem silbernen Kahn durch diese Sparkassenhallen gleiten, so mag das darauf verweisen, dass wir als Ihr Finanzberater und Dienstleistungsbetrieb mit Ihnen gemeinsam an der Reling stehen und auf größere Ufer hinausschauen wollen. Denn ab und an sollten wir alle die geschäftigen Computer-Bildschirme zuklappen um von den Bildwerken unserer Künstler neue Ideen und kreative Kraft auf die Festplatten unserer Seele zu speichern. Lassen wir uns also er-greifen, auch wenn das eine oder andere Werk nicht gleich zu be-greifen ist oder unsere Sehgewohnheiten an-greift. In diesem Sinne erkläre ich die Ausstellung hiermit für eröffnet.

Ein notwendiges Widerwort

Auf diesen Seiten wird vor unpassenden Vergleichen, abgedroschenen Metaphern und schiefen Bildern so heftig gewarnt, dass man fast meinen muss, man sollte sie möglichst ganz vermeiden. Das hieße aber, das Kind mit dem Bade ausschütten.
Auf anschauliches Sprechen, auf bildhafte Sprache sollten Sie nicht verzichten.
Trauen Sie sich mit Vorsicht, aber auch mit Mut auf das Glatteis der Metaphorik.

Faustregel

Versuchen Sie
- die Sprache „beim Wort" zu nehmen,
- getrennte Bereiche im Bild zusammenzufügen,
- alte Bilder und Sprichwörter neu zu beleben,
- Metaphern mit Wortwitz oder ironisch zu setzen
- und befragen Sie abschließend Ihre Texte immer auch danach, ob Ihre Bilder stimmen.

Undifferenzierter Wortgebrauch

Undifferenziert heißt: ungenau, unpräzis oder diffus. Auf Grund eines undifferenzierten Wortgebrauchs entstehen Verständigungsprobleme, der Adressat vermag in einem solchen Fall die Botschaft der an ihn gerichteten Worte nicht klar zu entschlüsseln.
Im Übrigen kommt es immer auf den Zusammenhang an, in dem die Formulierungen erscheinen; der Zusammenhang entscheidet über Klarheit und Unklarheit.

Nichts sagende Formulierungen

Wenn Gretchen in Goethes „Faust" in ihr Zimmer kommt, nachdem zuvor Faust und Mephisto es heimlich betreten haben, und u. a. sagt: „Es wird mir so, ich weiß nicht wie", möchte man fragen: Wie wird dir denn? Diese Vagheit des Ausdrucks zur Kennzeichnung einer intuitiv erfassten Situation, die eine unerklärliche Angst hervorruft, mag zur Charakterisierung der Gefühlswelt eines vierzehnjährigen Mädchens nicht nur legitim, sondern sogar realistisch sein. Wenn aber ein Patient einem Arzt sagen würde: „Mir ist, ich weiß nicht wie", und darüber hinaus keinerlei Angaben zu machen in der Lage wäre, wird dieser ihm allenfalls Placebos verschreiben. In einer Textanalyse zu der oben genannten Gretchenszene wäre ein Satz wie: „Gretchen wird, sie weiß nicht wie" nur eine nichts sagende Wiederholung dessen, was Gretchen selber sagt. Vermittle ich einem Freund: „Aus bestimmten Gründen sage ich dir das nicht!", wird dieser wohl merken, dass ich die Gründe kenne, aber nicht verraten will; die Aussage ist also legitim. Schreibe ich hingegen: „Aus bestimmten Gründen hat Gretchen Angst", habe ich keine Ahnung von den Gründen, will aber vortäuschen, ich hätte sie.

Füllsel

In dem Satz: „Das hätte ich dir sowieso gesagt" bedeutet das *sowieso*: „auch ohne besondere Aufforderung", hat also einen Aussagewert; in dem Satz: „Der Film hat mir sowieso (oder auch eh) gefallen" sind *sowieso* und *eh* bedeutungslos und überflüssig.
Das Wort *echt* gehört – vor allem in adverbialer Bedeutung – zum Modejargon. In einem Satz wie: „Der Brillant ist echt" hat es seinen legitimen Platz. In der Formulierung: „Der Film ist echt toll" soll *echt* dem Wort *toll* offenbar eine superlativische Bedeutung geben (also etwa: hinreißend); dagegen wäre nichts zu sagen, wenn von dem Wort *echt* heute nicht ein inflationärer Gebrauch gemacht

Nichts sagende Formulierungen

irgendwie; in gewisser Weise; gewissermaßen; aus bestimmtem Gründen; die ganze Art und Weise, wie...; in jeder Hinsicht; etwas ganz anderes; alles; verschieden, verschiedenst,
z. B.:
Irgendwie war mir komisch zu Mute.
Ich bin dir *gewissermaßen* (in gewisser Weise, aus bestimmtem Gründen, in jeder Hinsicht) dankbar.
Es muss alles *ganz anders* werden.
Es gab da die *verschiedensten* Menschen.

Füllsel

eben, eh, sowieso, freilich, halt, natürlich, praktisch, echt, (regional: gell[e]),
z. B.:
Das ist *eben* (eh, sowieso) so.
Er war *natürlich* (praktisch, echt) am Ende.

Unpräzise Formulierungen

Je nach sprachlichem Zusammenhang sollten *Punkt, Sache, Ding* besser durch folgende Wörter ersetzt werden:

Punkt	Sache	Ding
Streit- und Gesichtspunkt, Perspektive, Aspekt, Thema, Gegenstand, Argument, Abschnitt, Grund, Kriterium	Handlungsweise, Verhaltensweise, Gebiet, Geschehen, Gegenstand, Tatsache, Sachverhalt, Angelegenheit, Problem	Gegenstand, Angelegenheit, Vorstellung, Vorgang, Ereignis, Unternehmung, Tat, etwas Besonderes, Großartiges, Außergewöhnliches, Unrechtmäßiges, Verbrechen, Schlag, Objekt

Je nach sprachlichem Zusammenhang sollten *positiv, negativ* besser durch folgende Begriffe ersetzt werden:

positiv	negativ
zustimmend, bejahend, annehmend, anerkennenswert, fähig, lobenswert, verdienstvoll, erfolgreich, vorteilhaft, gut, wertvoll, angenehm, erfreulich, nützlich, brauchbar, wirksam, wirklich, konkret, gegeben, real, tatsächlich feststehend, aufbauend, produktiv, schöpferisch, kreativ, sicher, genau, lebensbejahend, charakterfest, moralisch gut oder integer	verneinend, ablehnend, abschlägig, unrühmlich, tadelnswert, ablehnungswürdig, schlecht, wertlos, nachteilig, unangenehm, ungünstig, unerfreulich, schädlich, unbrauchbar, unwirksam, nicht wirklich, destruktiv, nicht bestätigend, vernichtend, zerstörerisch, einfallslos, lebensverneinend, „miesmacherisch", charakterlich oder moralisch fragwürdig

Häufig unpräzis verwendete Begriffe sind auch: *normal* (ein normaler Mensch), *richtig* (ein richtiger Junge), *ganz* (ganz großartig) usw.

ÜBUNG 1

Der folgende Text besteht im Wesentlichen aus authentischen Schülerformulierungen, allerdings aus mehreren Arbeiten zu dem Thema: „Der Club der toten Dichter“; die Schüler sollten u. a. argumentativ herausarbeiten, welche menschlichen und pädagogischen Eigenschaften der Hauptfigur des Films, des Lehrers Mr. Keating, sie bejahen und welche sie kritisch, im Sinne von fragwürdig, sehen.
Unterstreichen Sie die Formulierungen, die Sie für nichts sagend, überflüssig oder unpräzis halten.

Dieser Film erfüllt alle Punkte, die einen guten Film ausmachen; er berührt einen persönlich sehr. Der ganze Film ist ganz toll gemacht. Man kann sich in die Rolle der Schüler versetzen, da es in diesem Film bei den Schülern die verschiedensten Charaktere gibt. Mir gefällt an dem Lehrer Keating seine ganze Art, wie er den Schülern begegnet, er ist irgendwie lustiger und offener. Dieser Keating ist anders als die anderen Lehrer, er versucht den Unterrricht anders zu gestalten als die anderen Lehrer. Für die anderen sind die Schüler eh nur Minderjährige, die nicht frei denken sollen. Für mich ist ein solcher Lehrer einfach nur positiv, weil er mich in jeder Hinsicht anspricht. Das Positive an Mr. Keating ist, dass er die Schüler zu motivieren weiß. Bei ihm ist der Unterricht locker, während die anderen Lehrer den normalen Unterricht machen. Er macht Dinge, die andere Lehrer nie machen würden. Er bringt eine ganz andere Richtung mit in diese Schule. Er will erreichen, dass die Schüler versuchen Sachen aus vielen verschiedenen Perspektiven zu sehen. Er versucht den Schülern zu helfen. Mr. Keating sieht nichts Negatives und denkt auch nur positiv. Man kann positiv und negativ nicht in zwei Teile unterteilen, da jede Münze ihre zwei Seiten hat.
Freilich könnte man sagen, dass Mr. Keating nicht ganz unschuldig am Selbstmord des Schülers Neil ist. Hätte er diesem nicht gesagt, er solle an der Theateraufführung der Schüler teilnehmen, wenn er seine Berufung darin sehe, Schauspieler zu werden, wäre es zum Konflikt mit dem Vater nicht gekommen. Bei diesem Selbstmord treffen viele Sachen aufeinander und es war nicht Keatings Ratschlag, sondern etwas ganz anderes, was ihn belastet hat. Neil konnte mit seinem Vater nicht wie mit einem normalen Menschen reden und das ist es, was ihn schließlich in den Tod getrieben hat.
Schüler wünschen sich einen solch perfekten Lehrer wie diesen Mr. Keating. Man kann diesen Film oft sehen und er wird nie langweilig, weil man ihn aus verschiedenen Positionen sehen kann.

würde (alles ist echt Spitze oder super!), sodass es bedeutungsmäßig verflacht.
Ähnliches gilt für *natürlich, praktisch* u. a., auch wenn sie nicht direkt dem Modejargon entstammen. Ein Kind hat vielleicht seinen *natürlichen* (selbstverständlichen, von Natur aus zugewiesenen) Platz bei den Eltern, aber *natürlich* ist nicht, dass ich einen Film großartig finde.

Unpräzise Formulierungen

Ganz besonderer Beliebtheit erfreuen sich bei Schülern die Begriffe *Punkt, Ding, Sache, positiv* und *negativ*; wenn einem nichts Besseres einfällt, so passen diese Begriffe „irgendwie“ immer, scheint es.
Punkt: *Das Kleid hat weiße Punkte, die Tagesordnung hat x Punkte, eine Linie ist die kürzeste Verbindung zwischen zwei Punkten* – das alles ist korrekt. *Der Film gefiel mir als Film in allen Punkten*: Die ersten vier Wörter dieses Satzes haben Aussagewert, der Rest ist dunkel. Ist es die Leistung der Regie, der Choreographie, der Bildschnitte, der Schauspieler, der Landschaftsfotografie usw.?
Ding und Sache: *Der Herr ist Schöpfer aller Dinge*. Dieser Satz macht deutlich, wie umfassend der Begriff *Ding* zu verwenden ist, die globale Bedeutung der Begriffe *Ding* und *Sache* macht sie zugleich ungeeignet für viele Details. Ein Satz wie: *Sachen gibt's, die gibt's gar nicht* spielt spaßhaft mit der eigenen Bedeutungslosigkeit. Der Zusammenhang macht jedoch oft deutlich, was gemeint ist: *Sie haben zusammen ein Ding gedreht* (ein Verbrechen begangen oder etwas Unrechtmäßiges getan). Aber ein Satz wie: *Sie macht viele Sachen (Dinge), die ich gut finde* sagt wegen der nicht näheren Bestimmtheit der Dinge fast nichts mehr aus.
Positives und Negatives: Eine amerikanische Erfolgspsychologie rät den Menschen: Be positive! Und so wollen nicht nur Yuppies positiv sein. Bei einem Alkoholtest der Verkehrspolizei sollte es allerdings umgekehrt sein. Positiv und negativ wie schwarz und weiß, wie gut und böse kennzeichnen eine vereinfachte Welt, wie sie in der Trivialliteratur üblich ist. Die Wirklichkeit hingegen kennt viele Zwischentöne.

Informationen beschaffen, Material organisieren...

Fragen kostet nichts: Fragen Sie die Experten

Viele Schülerinnen und Schüler gehen ohne Hilfe durch andere an ihre Arbeit heran. Dabei ist Teamarbeit längst das Normale. Natürlich müssen Sie bei einer Facharbeit eigenständig arbeiten. Aber das heißt nicht, dass Sie sich nicht helfen lassen dürften. Sie werden sehen: Manche warten nur darauf...

1. Die Auftraggeber der Facharbeit
sind die wichtigste Quelle für Informationen und Tipps. Fragen Sie genau, was diese erwarten (Umfang, Stil und Aufbau der Arbeit, Niveau, Zeitrahmen usw.).

2. Bei den Kollegen der Auftraggeber (z. B. den Fachlehrern aus anderen Kursen) könnten im Pausengespräch Ideen „gemolken" werden.

3. Die „Leidensgenossen",
das sind alle, die bereits einmal über ein ähnliches Thema gearbeitet haben: Mitschüler, Bekannte von anderen Schulen können vielleicht erfolgreiche Muster liefern. Fachprobleme oder Entwürfe mit ihnen diskutieren!

4. Familienmitglieder
lassen sich ebenso einspannen: zum Korrekturlesen oder als „Probe-Publikum" um nachzuprüfen, ob die Gedankengänge überzeugend und verständlich sind, ob die Vortragsweise – bei mündlichen Prüfungen – flüssig klingt usw. (Notfalls mit Kassettenrekorder die eigene Stimme prüfen oder vorm Spiegel üben.)

5. Bibliothekare oder Buchhändler
sind die „geborenen" Führer durch den Dschungel der Fachbücher und Literaturverzeichnisse. Diese kümmern sich auch um Spezial- und Detailfragen – vorausgesetzt, Sie kommen nicht während der Hauptgeschäftszeit mit Ihren Problemen zu ihnen.

Jeder, der einen Urlaub plant, umzieht oder heiratet, beschafft sich Papiere und Informationen, bittet Freunde um Rat, fragt Bekannte nach Tipps, lässt sich helfen. Dann legt man sich Checklisten an, plant und plant um, organisiert, hakt ab, was erledigt ist. Gar nicht viel anders geht es, wenn eine Jahresarbeit oder ein Referat ansteht, oder vor Prüfungen:

– Wer hilft und kann nützliche Informationen geben?

– Wo findet man nötiges Material?

– Wie sortiert man die Teilergebnisse?

– Wie bringt man schließlich alles in ein vorzeigbares Ganzes?

Der folgende Organisations- und Ablaufplan gibt dazu einen ersten Gesamtüberblick.

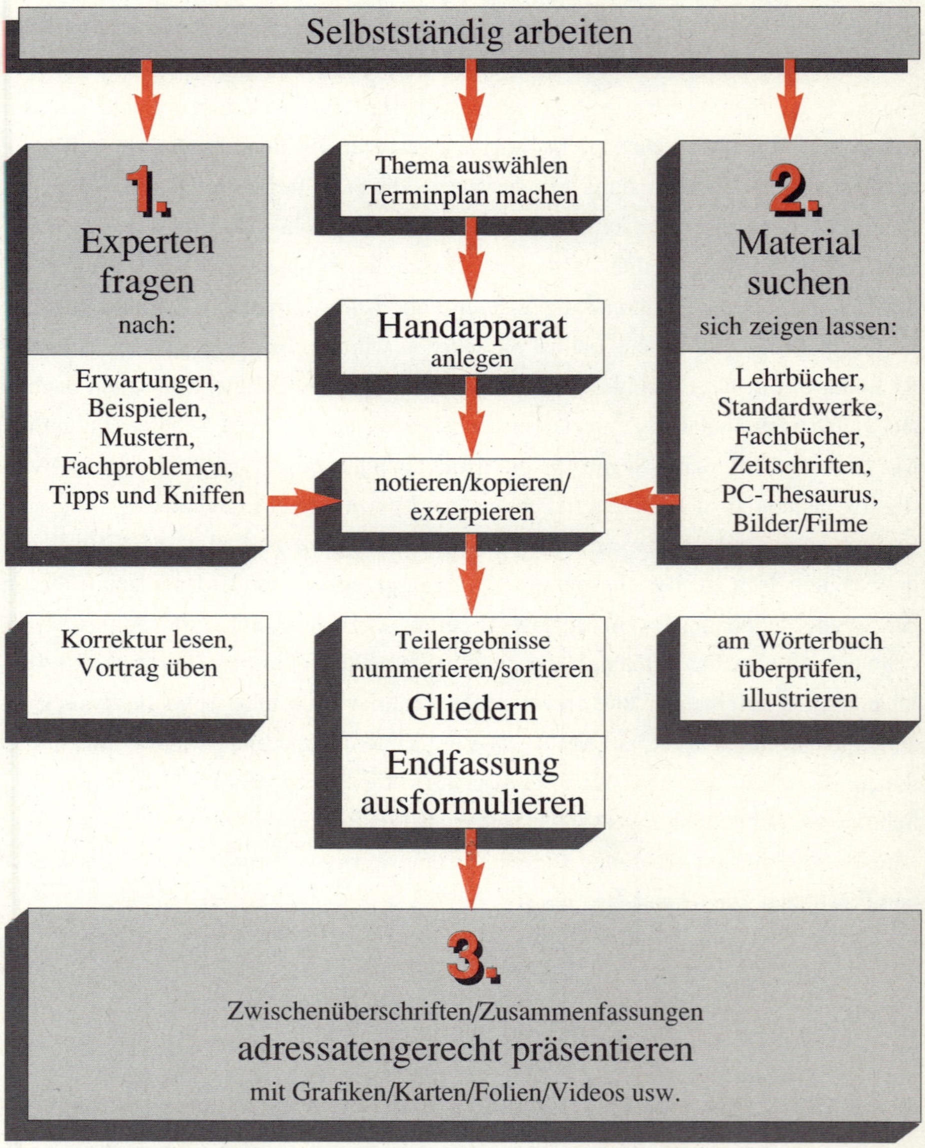

Mit der Auswahl des Arbeits- oder Prüfungsthemas beginnt für Sie der Count-down. Legen Sie sich einen Terminplan an.
Besorgen Sie sich Hefter, Ordner, Mappen, in denen Sie alle Notizen und Entwürfe sammeln. Pappkartons, in die Sie das Material Ihrer Spezialarbeit legen, sind oft nützlich: Sie heben sich vom anderen Papier- und Arbeitskram in Ihrem Zimmer deutlich ab.
Auf dem Schreibtisch oder in Ihrem Regal reservieren Sie einen freien Platz und stellen dorthin griffbereit alle Bücher usw., die Sie für die Arbeit zur Hand haben müssen. Dies ist der „Handapparat".
Dann könnte Ihre Arbeit eigentlich schon beginnen; eine einsame Arbeit, ganz sicher. Aber: Selbstständig arbeiten bedeutet nicht, allein zu arbeiten.

Wo lese ich nach?

Wenn Sie die Materialien nicht mit Ihrem Thema mitgenannt bekommen, heißt es selber suchen. Eine grundsätzliche Übersicht über ein Themenproblem – samt ersten Hinweisen auf Fachliteratur – erhalten Sie oft schon durch ein **Lexikon** (eine Enzyklopädie): Vergleichen Sie die Artikel verschiedener Lexika (wegen der unterschiedlichen Inhaltsschwerpunkte). Greifen Sie stets zu jüngst erschienenen und zu mehrbändigen!
Für jedes Fachgebiet gibt es die sog. **Standardwerke**: Veröffentlichungen, in denen die wesentlichen Sachverhalte eines Wissensbereichs besonders systematisch dargestellt werden. Oft sind dies auch Buchreihen (z. B. im Fach Geschichte die „Propyläen-Weltgeschichte" oder die Taschenbücher der „Fischer Weltgeschichte").
Für Schülerhand wurde die Reihe „Das Abitur-Wissen" konzipiert (letzte Neubearbeitung allerdings 1983).
Funk- oder Telekollegs (Fischer Verlag; Studienbegleitbriefe vom Beltz Verlag) sind die sehr anspruchsvollen Begleittexte zu Funk- bzw. Fernsehlehrgängen (für Studierende).

Wer glänzen will und etwas mehr Zeit hat, begebe sich auf die Suche nach verborgeneren Schätzen, die auch beim Lehrer/Prüfer selten im Regal stehen. Die so genannten **Jahrbücher** gehören dazu, herausgegeben von Literaturgesellschaften oder Geschichtsvereinen.
Geheime Goldadern sind **Ausstellungskataloge** (etwa zu literarischen, historischen, soziologischen Themen); diese enthalten neben den Beschreibungen von Ausstellungsstücken oft Spezial- und Kurzaufsätze.
In **Fachzeitschriften** findet man die jeweils aktuelle Wissenschaftsdiskussion.

Wie lese ich?

Arbeiten Sie von Anfang an mit Notizblock/Karteikarten und Stift. Einfälle sofort festhalten. In der Suchphase nur gezielt lesen, d. h. schnellstmöglichen Einblick darüber gewinnen, ob das Material etwas hergibt: durch Durchforsten der Klappentexte, Inhaltsverzeichnisse, Vor-/Nachworte, Kapitelzusammenfassungen, Schlagwortverzeichnisse (Personen- oder Sachregister/Glossar); das Verzeichnis der verwendeten Literatur studieren!

Kleine Werbestrategie für Facharbeit und Vortrag

„Garnieren" Sie Ihre Arbeit mit (bunten) Bildern: Das können Grafiken, Landkarten usw. sein. Geben Sie beim Referatvortrag Ihrem Publikum (den Adressaten) etwas zum Mitlesen in die Hand, z. B. eine Kurzfassung, bestehend aus dem Inhaltsverzeichnis oder knappen Thesen oder den zusammengefassten Zwischenergebnissen. Projizieren Sie Bilder oder (Inhalts-)Skizzen mit Hilfe von Folien an die Wand. Vielleicht haben Sie auch einen Videoausschnitt, der Ihren Vortrag abwechslungsreich macht (kann auch aus einem Spielfilm stammen).

Standardwerke

Einige Bücher sollten Sie selber besitzen:
- *Duden Bd. 1, 2, 4* (Rechtschreibung, Stil, Grammatik), vor allem aber
- *Duden Bd. 5, 8, 10* (Fremdwörter ... Synonyme ... Wortbedeutungen);
- *dtv-Atlas zur Weltgeschichte.*
  Für das Fach Deutsch sind auch noch empfehlenswert:
- *Frenzel, Daten deutscher Dichtung. Chronologischer Abriss der deutschen Literaturgeschichte* (dtv; 2 Bände);
- *Wilpert, Gero v. Sachwörterbuch der Literatur* (Kröner Verlag);
- *dtv-Atlas zur deutschen Literatur*;
- *Kindlers Literatur Lexikon* (Kindler/Zürich) ist gut und umfangreich, aber deshalb auch nicht billig. Also muss man in die Bibliothek.

(Vorsicht bei einbändigen Lexika. Da gibt es oft Schund.)

Zeitschriften und Zeitungen

bringen laufend Rezensionen/Buchbesprechungen, Charakterisierungen von Autoren, sind aber nur schwer zu besorgen. Die edition text + kritik (München) bietet zu ihrem *Kritischen Lexikon zur deutschsprachigen Gegenwartsliteratur* einen „Textdienst", über den man die im Lexikon aufgeführten Zeitungsbesprechungen (gegen geringe Gebühr) als Kopie bestellen kann.

Schulbücher/Schulbücherei

Lehrbücher älteren Datums oder für andere Jahrgangsstufen stellen Themen oft unter anderer Perspektive dar (mit anderen Beispielen / Schautafeln / Bildern als die im eigenen Kurs benutzten Bücher). Schulbücherei aufsuchen; sich helfen lassen!

Computer-Software

Eventuell PC benutzen. Sich mit der Benutzung der Hilfsprogramme vertraut machen, die für Facharbeiten wichtig sind: Rechtschreib- und Trennhilfe; Auswahl von Synonymen; Darstellungsmöglichkeiten von Statistiken, Landkarten, Illustrationsvorlagen.

Kreativ suchen...

Wenn Sie beispielsweise eine Facharbeit schreiben müssen, reichen Ihre Schulbücher in der Regel nicht aus. Manchmal geben die Fachlehrer Ihnen Literatur an, die Sie zu Grunde legen und auswerten sollen. Meistens wird jedoch erwartet, dass Sie bereits bei der Informationsbeschaffung Selbstständigkeit und Kreativität beweisen, sodass Sie sich die nötigen Materialien teilweise oder insgesamt selber beschaffen müssen.

Kommunale bzw. städtische Büchereien
sind gewöhnlich die Hauptquellen für weiterführende Fachliteratur. Dort können Sie Bücher nach Hause ausleihen, aber auch Bücher zur Ansicht in den *Lesesaal* bestellen. Manchmal können Sie auch an Ort und Stelle fotokopieren.

Zur **Präsenzbibliothek** gehören die Bücher, die allgemeine und umfassende Informationen liefern, die aber nicht auszuleihen sind: *Lexika*, *Atlanten*, *Standardwerke* zu den wichtigsten Sachbereichen (Literatur, Kunst, Politik, Psychologie usw.) oder *Fachzeitschriften* (die Ausgaben der letzten Monate). Dort befinden sich auch die *Bibliografien*; das sind Spezialwerke, die – ähnlich wie der Sachkatalog – zu Wissenschaftsgebieten die wichtigste Literatur beschreiben – oft auch kritisch-wertend kommentierend.

Die **Bibliothekskataloge** sind inzwischen in den meisten öffentlichen Bibliotheken computerisiert und ermöglichen die Suche mittels Lesegeräten. Lassen Sie sich das Suchsystem von einem Mitarbeiter oder einem bereits erfahrenen Bibliotheksbesucher erklären.

Die **Fernleihe** ermöglicht es, Bücher, über die Ihre Bibliothek nicht verfügt, bei einer anderen zu bestellen (kann lange dauern; Titel müssen bekannt sein).

Vielleicht kennen Sie Umberto Ecos Roman „Der Name der Rose“ oder Sie haben die gleichfalls erfolgreiche Verfilmung gesehen: Da erschüttern geheimnisvolle Morde ein mittelalterliches Kloster. Jemand streut Gift zwischen die Seiten der Bücher und in der labyrinthartigen Klosterbibliothek lauert der Tod. In sie hineinzugelangen und dort das einzigartige Buch zu finden, mit dem sich das Geheimnis lüften ließe, das stellt den Romanhelden William von Baskerville vor arge Rätsel.
Ähnlich ratlos steht mancher in der Eingangshalle einer modernen **Bibliothek**, wenn er sich dort – zum ersten Mal – für eine Facharbeit oder zu Prüfungsvorbereitungen Materialien besorgen will. Die erste – vielleicht wichtigste! – Hürde hat unser Bibliotheksbenutzer allerdings schon genommen: Er hat sich auf den Weg gemacht und sich nicht vor dem ihm Unbekannten mit dem faulen Argument geschützt: Da findest du ja doch nichts Brauchbares! Man findet; und es finden sich dort Bibliothekare, Bibliothekarinnen oder Leidensgenossen, die bei der Suche helfen.
Erste Hilfe und Einblicke gibt Ihnen folgende Übersicht:

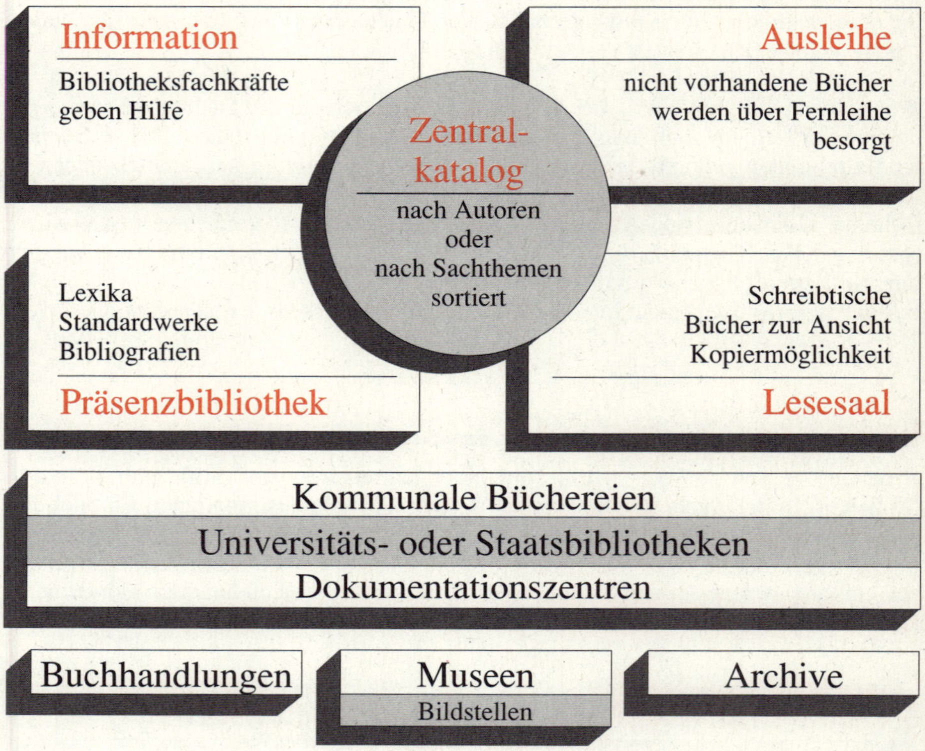

Das Zentrum und „Sesam-öffne-Dich“ aller Büchereien und Archive ist der Bibliothekskatalog. Er liefert den Schlüssel zu den verborgenen Schätzen: Der **alphabetische Katalog** listet die Bücher nach den Autorennamen auf. Der **Sach- und Schlagwortkatalog** ähnelt einem Lexikon und präsentiert den Inhalt der Bibliothek nach Sachbegriffen/Stichwörtern. Dort werden sämtliche Titel zusammengefasst aufgeführt, die zu einem Themengebiet/Ereignis/Sachproblem gehören.

Nicht nur in den örtlichen Büchereien findet sich Ihr Material...

Archive sammeln wichtige Schriftstücke, die im laufenden Dienst- oder Geschäftsbetrieb nicht mehr aktuell benötigt werden. Wenn Sie glauben, dass dort brauchbares Material zu finden sei (meist für Spezialthemen), dann nimmt man vorher am besten Kontakt auf (Telefon, Brief). Neben Behörden/Verwaltungen unterhalten Firmen, Kirchen und Parteien, Vereine und Verbände ebenfalls Archive.

Dokumentations- und Informationszentren, auch **Museen** (Literatur- und Theatermuseen, Wirtschafts-, Technik- und Geschichtsmuseen usw.) kommen einer ähnlichen Aufgabe nach.

Bildstellen sammeln und verleihen (vor allem an Lehrer) audiovisuelles Material (Bild- und Tonträger). Dies brauchen Sie nicht nur um Ihre Arbeit oder Ihren Vortrag „optisch zu garnieren". Oft liefern die Bildstellen kurzgefasste Begleittexte, die in konzentrierter Form das im Film dargestellte Sachproblem beschreiben.

Universitäts-/Staatsbibliotheken sind am umfangreichsten ausgestattet und am weitesten spezialisiert. Wer in seiner Nähe eine Uni hat oder nicht zu weit von seiner Landeshauptstadt wohnt, ist gut dran. Anderenfalls kann man die Fernleihe bemühen.

Checkliste

Welche (kommunalen oder anderen) Büchereien gibt es an Ihrem Wohnort/in erreichbarer Nähe?

Gibt es bei Ihnen/in Ihrer Nähe eine Bildstelle?

Kennen Sie (in erreichbarer Nähe) Informationszentren oder Dokumentationszentren oder „Spezial"-Museen? Welche?

Wo werden (Fach-)Zeitschriften ausgelegt?

In welcher Buchhandlung hilft die Buchhändlerin oder der Buchhändler, lässt Sie an die Bibliografien usw.?

Welche Verlage sind auf Ihr Thema spezialisiert?

Gibt es Gruppen oder Bürgerinitiativen oder Institutionen oder Firmen, die auf Ihr Thema spezialisiert sind? Welche?

Buchhandlungen präsentieren in ihren Regalen vor allen Dingen die Neuerscheinungen der letzten Jahre. Natürlich bieten sie ihren Kunden auch ältere Werke, wenn diese als Standardwerk gelten oder ein „Dauerrenner" geworden sind. Hinweise auf allerneueste Literatur finden Sie nicht nur in Verlagsprospekten (da eher zufällig), sondern es gibt in Buchläden dickleibige Verzeichnisse, die sog. Sortimentskataloge.

Darin sind alle zur Zeit von Verlagen lieferbaren Veröffentlichungen nach Autorennamen bzw. nach Schlagwörtern/Sachthemen aufgeführt. Lassen Sie sich helfen. Fragen Sie die Buchhändler/Angestellten auch danach, ob es Zeitschriftenreihen gibt, die sich Ihrem speziellen Themenproblem widmen.

Die großen Buchhandlungen eignen sich gut zum anonymen Herumsuchen. Fragen Sie sich nach der für Sie interessanten Fachabteilung durch, wo Sie dann meist ungestört in den Regalen stöbern können. Wenn Sie nur Tipps oder Buchtitel suchen, nehmen Sie sich ein Notizblöckchen mit. Vielleicht besitzt ja eine Bibliothek dieses Buch und Sie können es dann – anhand Ihres Spickzettels – entleihen.

Die kleineren Buchhandlungen beraten oft individueller. Dort stoßen Sie erfahrungsgemäß auch eher auf Gesprächspartner, die bereit sind Ihnen weiterzuhelfen. Auch die kleinste Buchhandlung besorgt jedes Buch, das Sie kaufen wollen, nach dem Sortimentskatalog für den nächsten oder übernächsten Tag. Schul- und Spezialbücher zu beschaffen dauert (überall) länger.

Lesen, markieren, exzerpieren und konspektieren

Lesen

Man kann einen Text *diagonal* lesen um einen schnellen Gesamtüberblick zu gewinnen, das Thema zu erfassen.
Es folgt dann eine *kursorische* Lektüre, ein rasches Durchlesen des Textes mit vorläufigen Unterstreichungen wichtiger Textstellen.
Unerlässlich ist aber eine *intensive* Textlektüre. Das schon gewonnene Textverständnis wird Absatz für Absatz, bisweilen sogar Wort für Wort nochmals am Text überprüft. Je nach Textart ergeben sich unterschiedliche Schwerpunkte für die Untersuchung, z. B. Gedankengang, Argumentationsstruktur, rhetorische oder stilistische Mittel, Textintention. Es empfiehlt sich, besonders wichtige Begriffe oder Textstellen zu markieren.

Markieren

Das Lesen mit dem Stift (u. U. mit unterschiedlichen Farben) hat zum Ziel, den Text übersichtlicher und transparenter zu machen. So werden zentrale Begriffe, Kernstellen, Kerngedanken, besondere stilistische Merkmale, gedankliche Folgerungen oder Widersprüche im Text selbst oder am Rand optisch signalisiert. Zahlen am Rande können z. B. die Folgerichtigkeit eines Gedankengangs zeigen wie z. B.: erste Prämisse – zweite Prämisse – Folgerung oder These – Antithese – Synthese. Jeder kann hier sein eigenes System entwerfen.
Sehr zu warnen ist vor einem zu ausgiebigen Markieren, einer besonderen Anfängergefahr, die dann das Gegenteil von Übersichtlichkeit erzeugt.

Exzerpieren/Konspektieren

Exzerpte, d. h. kürzere oder auch umfangreichere wörtliche Auszüge aus einem Text mit genauer Angabe der Quellen und der Seitenzahlen, braucht man besonders für größere Arbeiten wie z. B. ein Referat.

Ein *Konspekt* macht die gedankliche Struktur eines Textes (seine Gliederung) sichtbar. Thesen, Argumente, Kernstellen, sinnvolle Überschriften, Stichworte, Definitionen u. a. sollen Inhalt und Aufbau (auch Form) kennzeichnen.

Tipp

Besser exzerpieren als kopieren!

Erste Lektüre

Was man versprechen kann. – Man kann Handlungen versprechen, aber keine Empfindungen; denn diese sind unwillkürlich. Wer jemandem verspricht, ihn immer zu lieben oder immer zu hassen oder ihm immer treu zu sein, verspricht etwas, das nicht in seiner Macht steht; wohl aber kann er solche Handlungen versprechen, welche zwar gewöhnlich die Folgen der Liebe, des Hasses, der Treue sind, aber auch aus anderen Motiven entspringen können: denn zu einer Handlung führen mehrere Wege und Motive. Das Versprechen, jemanden immer zu lieben, heißt also: Solange ich dich liebe, werde ich dir die Handlungen der Liebe erweisen; liebe ich dich nicht mehr, so wirst du doch dieselben Handlungen, wenn auch aus anderen Motiven, immerfort von mir empfangen: sodass der Schein in den Köpfen der Mitmenschen bestehen bleibt, dass die Liebe unverändert und immer noch dieselbe sei. – Man verspricht also die Andauer des Anscheines der Liebe, wenn man ohne Selbstverblendung jemandem immer währende Liebe gelobt.
(*Friedrich Nietzsche,* Menschliches Allzumenschliches I, Aphorismus 58)

Markierung

Thema Gliederung

Was man versprechen kann. – Man kann Handlungen versprechen, aber keine Empfindungen; denn diese sind unwillkürlich. [These] Wer jemandem verspricht, ihn immer zu lieben oder immer zu hassen oder ihm immer treu zu sein, verspricht etwas, das nicht in seiner Macht steht; wohl aber kann er solche Handlungen [Begründung] versprechen, welche zwar gewöhnlich die Folgen der Liebe, des Hasses, der Treue sind, aber auch aus anderen Motiven entspringen können: denn zu einer Handlung führen mehrere Wege und Motive. Das Versprechen, jemanden immer zu lieben, heißt also: Solange ich dich liebe, werde ich dir die Handlungen der Liebe erweisen; liebe ich dich nicht mehr, so wirst du doch dieselben Handlungen, wenn auch aus anderen Motiven, [Folgerung aus der These] immerfort von mir empfangen: sodass der Schein in den Köpfen der Mitmenschen bestehen bleibt, dass die Liebe unverändert und immer noch dieselbe sei. – Man verspricht also die Andauer des Anscheines der Liebe, wenn man ohne Selbstverblendung jemandem immer währende Liebe gelobt.

Konspekt

Titel: Friedrich Nietzsche, Menschliches Allzumenschliches I, Aphorismus 58

Thema: Möglichkeit und Grenzen des Versprechens

Hauptthese: Man kann Handlungen versprechen, nicht aber Empfindungen oder Gefühle.

Beispiele: Liebe, Hass, Treue.

Begründung (Argumentation): Handlungen unterliegen meinem Willen, Gefühle nicht. Handlungen = moralisch; Empfindungen = nicht in meiner Macht, entziehen sich der moralischen Kontrolle.

Folgerung: Handlungen der Liebe z. B. können anderen Motiven (Beweggründen) gehorchen als der Liebe, können als Anschein von Liebe die Liebe überdauern.
Das Versprechen immer währender Liebe kann so nur heißen: Andauer von Handlungen, die den Anschein von Liebe erwecken.

ÜBUNG 1

Lesen Sie den folgenden Text aus der Wochenzeitung „Die Zeit" vom 20. Februar 1987, markieren Sie ihn (zentrale Begriffe, Kernstellen oder -gedanken, besondere stilistische Merkmale, den gedanklichen Aufbau u. a.) und machen Sie schließlich ein Konspekt des Textes (gedankliche Struktur, Inhalt, Textsorte, Stilmerkmale und Intention). Benutzen Sie zum Schreiben die Randspalte.
Überprüfen Sie dann erst die Lösungsvorschläge im Lösungsbeiheft.

Jeden Morgen frisch auf den Tisch:
für 50 Pf Aids und Krebs

Sterben mit *Bild*

Das Leben war hart und grau in den alten Tagen und eine öffentliche Hängung oder Vierteilung oder Räderung brachte wenigstens ein bisschen Farbe und Freude ins kurze, gleichförmige Leben. Da zog man denn mit Kind und Picknickkorb zum Galgenberg und erquickte sich bei Bier und kalten Koteletts am Sterben, je blutiger, desto lustiger. Und die Obrigkeit, die gern zeigte, dass alles ganz gerecht zugeht, hielt so zugleich das Volk bei Laune.

Auf den Galgenbergen stehen heute die Betonblöcke der Neuen Heimat und das Richtschwert wanderte ins Heimatmuseum, doch muss man deshalb des kleinen mittelalterlichen Vergnügens nicht entbehren. Für 50 Pf ist es an jedem Kiosk zu haben. Und wer die Originalatmosphäre von 1387 schätzt, kann *Bild* auch im Straßenschaukasten der Springer-Geschäftsstellen lesen, wo man sich manchmal geradezu drängelt und die Köpfe reckt. Vor allem in den letzten Wochen gab es hier Spektakel ohnegleichen. Tag für Tag zelebrierten die *Bild*-Scharfrichter Anne Knacke und Reni Walther das Sterben des Quizmasters Hans Rosenthal. Wie Ärzte den Magen durch eine Darmschlinge ersetzten und wie sie wenig später den Dünndarm auftrennten und wie trotzdem, durch eine Einengung zwischen Speiseröhre und Darmschlinge, dem Delinquenten das Essen zur Qual wurde – das alles wurde dem Kucker zum vergnüglichen Entsetzen genau geschildert. Das Flehen des Opfers: „Bitte nicht mehr operieren!", eine Woche vor dem Tod, genoss *Bild* in Vier-Zentimeter-Lettern und nach dem Ende gab es noch einmal exklusiv und *en détail* Rosenthals „schreckliche letzte 3 Tage".

Mit roten Ohren und noch ganz im Bann der Leiden des Berliner Quizmasters bekommt der Zuschauer vor dem *Bild*-Schaukasten an der Kaiser-Wilhelm-Straße (und den vielen Kaiser-Wilhelm-Straßen überall in Deutschland) schon die nächste Sterbe-Show geboten. Jetzt heißt es: „Die neue Pest – Aids in Deutschland", und von „Evchen (2)" bis zur „Nonne Romana Marie Ryan (66)" können wir nun jeden Morgen die neuesten Aids-Opfer bekucken. Und wenn übers Wochenende partout kein Name dazugekommen ist, werden am Montag nochmals dieselben Bilder gezeigt: „Schüler, Hausfrauen, Soldaten, Priester – überall Aids." Ja, hier gibt's was zu sehen: „gelbliche, fleckige Gesichter", „braune Geschwüre", „zum Gespenst" Abgemagerte, „halb blind". Ob „erste Liebe" oder „bisexuelle Laune" – alle müssen sie dran glauben. Da hilft nur noch Beten, und mit wahrhaft altgläubiger Inbrunst raunt „ein Münchner Betreuer, der schon viele Aidskranke sterben sah: ‚Es ist ein besonderer Tod. Irgendwie haben sie alle Angst, vor Gott zu treten.'"

Bild, das wahrscheinlich perfekteste Unterhaltungsprogramm Deutschlands, zeigt das Sterben mit mittelalterlichem Genuss. *Bild* erinnert daran, dass Sterben unterhalten kann: Und zwar nicht (nur) der sensationelle Tod, der Sturz aus dem dreißigsten Stockwerk, der Mord auf offener Straße, der Herzschlag des CSU-Bonzen im Bordell – sondern das ganz gewöhnliche, alltägliche Sterben, die qualvolle Hinrichtung, über Tage, über Monate verfolgt.

Es ist nicht (nur) das *Sensationsbedürfnis* des Schaulustigen, auf das hier spekuliert wird, sondern etwas viel Wichtigeres, Beständigeres: sein *Machtbedürfnis*. Denn nichts gibt, wie Elias Canetti in seiner Studie „Masse und Macht" schreibt, ein solch sonderbares Machtgefühl wie das Überleben: „Der Augenblick des *Überlebens* ist der Augenblick der Macht. Der Schrecken über den Anblick des Todes löst sich in Befriedigung auf, denn man ist nicht selbst der Tote... Alle Absichten des Menschen auf Unsterblichkeit enthalten etwas von der Sucht zu überleben. Man will nicht nur immer da sein, man will da sein, wenn andere nicht mehr da sind." *Bild* suggeriert diese Macht: Die Springer-Unterhaltung baut auf die Ohnmachtsgefühle ihrer Leser. Sie weiß, was wir brauchen in harten und grauen Zeiten. Nicht nur Fernsehen – auch Sterben wird mit *Bild* erst schön.

Benedikt Erenz

Die Textwiedergabe

Eine Textwiedergabe ist eine gegliederte Inhaltsangabe und steht wie diese im Präsens. Während eine Inhaltsangabe, wie man sie in der Unterstufe lernt, sich auf die Wiedergabe des Gedankengangs beschränkt, also nur einen Beweis für das reine Textverständnis ablegen soll, fordert eine Textwiedergabe darüber hinaus die Offenlegung der gedanklichen Struktur des Textes. So wird ein Text nicht nur mit eigenen Worten resümiert, sondern er wird zugleich gegliedert. Man kann ihn in Abschnitte gliedern und den Abschnitten einen Titel geben; man wird sich fragen, welche Thesen (Antithesen) enthält der Text; wie werden diese begründet (durch Argumente!) oder veranschaulicht (durch Beispiele, Bilder oder Vergleiche); ist der Gedankengang folgerichtig oder enthält er Brüche u. a. m.?
Eine Textwiedergabe ist keine Analyse oder Interpretation, die Bewertung des Textes wird sich also auf die Frage beschränken: Ist er logisch aufgebaut oder nicht? Schlüssel- oder Kernbegriffe wird man, wenn sie missverständlich sind, erklären oder erläutern. Stilmerkmale wird man nur dann analysieren, wenn sie für das Verständnis des Textes wichtig sind, z. B. bei dem Mittel der Ironie. Eine Textwiedergabe ist deshalb eigentlich auch nur sinnvoll bei analytischen (Sach-)Texten.

Arbeitsanleitung

1. Lesen Sie den Text genau!
2. Welches Thema wird behandelt?
3. Kann man das Thema noch präziser fassen (nach nochmaliger Lektüre)? (Viele Texte haben eine Überschrift, die auf das Thema hinweist, aber häufig lässt sich das Thema noch genauer umreißen, als das in der Überschrift der Fall ist.)
4. Gliedern Sie den Text in sinngemäße Abschnitte.
5. Geben Sie diesen eine Überschrift.
6. Enthält der Text eine Einleitung?
7. Wie werden die einzelnen Aussagen miteinander verknüpft?
8. Werden die Aussagen begründet oder veranschaulicht?
9. Werden sie vielleicht in Frage gestellt?
10. Werden mögliche Gegenargumente berücksichtigt? Ist die Argumentation einseitig oder enthält sie mehrere Gesichtspunkte?
11. Wird nach Ursachen oder Gründen für eine Aussage gefragt?

Hans Magnus Enzensberger

aus: Bescheidener Vorschlag zum Schutze der Jugend vor Erzeugnissen der Poesie

[...] Was aber die Literatur betrifft, so verdankt sie ihren Charme nicht zuletzt der Tatsache, daß es jedermann freisteht, sie zu ignorieren – ein Recht, von dem bekanntlich die Mehrheit unserer Mitbürger entschiedenen Gebrauch macht und dessen Verteidigung jedem Schriftsteller am Herzen liegen muß [...]
Nur für die Minderjährigen unter unsern Mitbürgern hat das Recht auf freie Lektüre keine Geltung. Sie, die ohnehin täglich in Betonbunkern gefangen gehalten werden, welche das Gemeinwesen eigens zu diesem Zweck errichtet hat, zwingt man fortgesetzt, Gedichte zu lesen und, was noch viel entsetzlicher ist, zu interpretieren, Gedichte, an denen sie in den meisten Fällen keinerlei Interesse bekundet haben.
Wohl weiß ich, daß die Deutschlehrer diesen widerwärtigen Zustand, unter dem sie vermutlich selber leiden, durchaus nicht mutwillig herbeigeführt haben. Die wahren Schuldigen sind im Unterholz von Instituten zu suchen, die von einer gewöhnlichen Schule so weit entfernt sind wie Kafkas Schloß[1]. Es handelt sich um eine Horde von Bürokraten und Curriculum-Forschern, die außerordentlich schwer dingfest zu machen ist. Ihre wahren Absichten liegen im dunkeln. Was sie zu dem Projekt bewegt, in unseren Oberschulen hunderttausend von Sub-Germanisten heranzuzüchten und die Interpretation von Gedichten als Zwangsarbeit zu verhängen, das wissen wir nicht. Wir werden es nie erraten. Daß unter solchen Umständen Verschwörungstheorien ins Kraut schießen, kann nicht wundernehmen. Zwei von ihnen habe ich bereits erwähnt. Leute, die in dem Wahn leben, die Lyrik sei eine umstürzlerische Kunst von unerhörter Brisanz, haben daraus den Schluß ziehen wollen, ihre Behandlung im Deutschunterricht sei einer Impfung zu vergleichen; die Gesellschaft schütze sich vor der Subversion durch Gedichte, indem sie diese sorgfältig vernichte. Die Fertigkeiten des Deutschlehrers seien mit denen eines Sprengmeisters zu vergleichen; mit Hilfe der Interpretation werde dem gefährlichen Produkt sozusagen der Zünder abgeschraubt.
Die entgegengesetzte Lehrmeinung, der die Poesie aus dem umgekehrten Grunde verdächtig scheint, hält dafür, daß den armen Schülern Gedichte in den Rachen gestopft werden, um sie mit den herrschenden Zuständen zu versöhnen: Das süße Gift sei dazu angetan, jede Rebellion in ihnen zu ersticken und sie zu lammfrommen Anhängern des Status quo[2] zu machen. Diese beiden Hypothesen kommen mir ebenso unsinnig vor wie die Erscheinung, die sie erklären möchten.
Schön wäre es ja, wenn der Kapitalismus auf so schwachen Füßen stünde, daß er es nötig hätte, seine Herrschaft durch die Interpretation von Gedichten zu „stabilisieren“, doch fürchte ich, daß sein Fortbestand sich auf weit handgreiflichere Tatsachen stützt. Und warum ausgerechnet Gedichte? Warum werden nicht ganze Schulklassen zwangsweise in die Popkonzerte geschleppt, um dann, als Klassenarbeit, die „richtige“ Interpretation von Pink Floyd zu „erarbeiten“? R

ÜBUNG 1

Geben Sie auf einem gesonderten Blatt Papier den Text von Hans Magnus Enzensberger unter Beachtung der nebenstehenden Regeln wieder. Vergleichen Sie im Anschluss daran Ihre eigene Textwiedergabe mit der auf der folgenden Seite.

1 *Das Schloss*: Roman von Franz Kafka (1926); Schloss: Chiffre für etwas Unerreichbares oder Undurchschaubares
2 *Status quo*: gegenwärtiger Zustand

Das Thema des Textausschnittes aus Hans Magnus Enzensbergers satirischem Essay „Bescheidener Vorschlag zum Schutze der Jugend... könnte lauten:

Von der Unsinnigkeit, Gedichte im Unterricht zu interpretieren

Enzensberger geht eingangs von der These aus, dass der besondere Reiz der Literatur darauf beruhe, dass der Zugang zu ihr freiwillig sei, dass also niemand gezwungen werde sich mit Literatur zu beschäftigen.

Diesem Recht auf freiwillige Beschäftigung mit der Poesie steht antithetisch der Zwang gegenüber, dem Schüler in der Schule unterliegen, wenn sie Gedichte nicht nur lesen, sondern auch interpretieren müssen. Diesen Zwangscharakter unterstreicht der Autor dadurch, dass er das Schülerdasein ironisch (vielleicht auch sarkastisch) mit einem Gefängnisaufenthalt vergleicht („in Betonbunkern gefangen gehalten").

Nach dieser Feststellung eines Istzustandes wird nach den Ursachen für diesen Grundrecht verletzenden Schülerstatus gefragt. Der Autor macht dafür weniger die Deutschlehrer als eine schulfremde Kultusbürokratie verantwortlich, die diese „Zwangsarbeit" an Gedichten Deutschlehrern wie Schülern gleichermaßen auferlege.

Da die Frage nach dem Sinn dieser kultusministeriellen Maßnahme wegen der Absurdität des Geschehens kaum zu beantworten sei, schössen, so der Autor, „Verschwörungstheorien ins Kraut". Zwei dieser Theorien stellt er antithetisch gegenüber:

1. Lyrik ist politisch brisant und gefährlich für die herrschende politische Klasse. Sie verliert ihre Brisanz durch die Besprechung im Deutschunterricht, die einschläfernde Wirkung solcher Gedichtinterpretationen entschärft die politische Sprengkraft der Gedichte.
2. Lyrik ist verklärend, gesellschaftsirrelevant, sie macht politisch „lammfromm" und ist deshalb zur Stabilisierung der bestehenden Herrschaftsverhältnisse besonders geeignet.

Der Autor zieht aus diesen einander widersprechenden Theorien die Folgerung, dass sie sich in ihrer Paradoxie selbst aufheben und deshalb genauso unsinnig sind wie die Tatsache, Gedichte im Unterricht zu interpretieren.

Die Schlussfolgerung des Autors lautet, dass die Behandlung von Gedichten im Unterricht ein untaugliches Mittel sei, das bestehende kapitalistische System festigen zu wollen, da dieses auf stabileren Grundfesten verankert sei als auf Lyrik.

Die ganze Unsinnigkeit der Behandlung von Gedichten im Unterricht wird mit dem ironisch pointierten Schlusssatz unterstrichen, man möge doch ganze Schulklassen in Pink-Floyd-Konzerte schicken und sie darüber „richtige" Pink-Floyd-Interpretationen anfertigen lassen.

12. Welche Form haben die Aussagen? Sind es Behauptungen, Thesen, Hypothesen, Antithesen, Meinungen, Vermutungen, Fragen, Aufforderungen u. a.?
13. Gibt es Gedankensprünge oder -brüche im Text? Gibt es scheinlogische Verknüpfungen?
14. Sind die Beispiele treffend?

Regeln für die Niederschrift

1. Beginnen Sie die Textwiedergabe nach Möglichkeit mit der Nennung des Autors (Wer?), der Textsorte (Was?), des Erscheinungsortes (Wo?), des Erscheinungsjahres (Wann?) und des Themas (Worüber?).
Die präzise Angabe des Themas ist vielleicht die schwierigste Abstraktionsleistung, geben Sie sich hiermit besondere Mühe.

2. Nennen Sie sodann den ersten Hauptgedanken (Ausgangsthese) des Textes. Nicht selten ist dieser erste Hauptgedanke der tragende Pfeiler des gesamten Textes.

3. Machen Sie deutlich, wie sich der weitere Gedankengang aus dieser Ausgangsthese entwickelt.
Wird sie begründet oder veranschaulicht, welche Folgerungen werden aus ihr gezogen, werden Thesen entgegengestellt oder wird sie durch andere Thesen erweitert bzw. ergänzt usw.?

4. Da es sich um einen argumentativen Text handelt, verwenden Sie nach Möglichkeit nur kausale (im weitesten Sinne) Konjunktionen und Adverbien, z. B. *also, folglich, deshalb, im Gegensatz dazu, in konsequenter Fortführung dieses Gedankens, aber, trotzdem, da, weil, obwohl, sodass, damit.*

5. Vermeiden Sie nach Möglichkeit alle temporalen Konjunktionen und Adverbien. Vermeiden Sie vor allem Sätze wie: *Und dann sagt der Autor noch...; Und dann behauptet der Autor...; Und schließlich gibt er noch folgendes Beispiel...*

6. Vermeiden Sie nach Möglichkeit eine Textwiedergabe *nur* in der indirekten Rede. Zu viele Konjunktivformen wirken monoton.
Möglichkeiten zur Vermeidung der indirekten Rede: *Am Anfang des Textes steht die These...; Der Autor begründet seine These durch folgende Argumente:...; Er veranschaulicht sie durch das Beispiel mit...; Er widerspricht dem Einwand, dass...; Er folgert aus dieser Behauptung...; Er vergleicht diesen Gedanken mit...*

Verfassen von Kursarbeiten

1. Vorbereitung

Auch Deutsch ist ein Lernfach!
Bereiten Sie sich angemessen vor!

Datum und Arbeitszeit einer Kursarbeit bzw. Klausur müssen rechtzeitig angekündigt werden. Hinzu kommt, dass das Thema einer Klausur aus dem vorherigen Unterricht erwachsen soll. Daraus ergibt sich, dass Sie sich auf eine Klausur vorbereiten können. Fragen Sie in der letzten Unterrichtsstunde vor der Klausur nach der Art der Aufgabenstellung, arbeiten Sie (am besten zusammen mit guten Schülerinnen und Schülern!) Ihre Unterrichtsnotizen durch und lesen Sie ggf. noch einmal den Text. Falls eine Ganzschrift behandelt wird: Achten Sie auf Passagen, die der Lehrer im Unterricht nicht besprochen hat!

2. Verfassen der Kursarbeit

Beurteilungskriterien

Beim Verfassen der Kursarbeit ergeben sich mehrere Phasen:

Aufgabenstellung richtig erfasst?
(Ggf. nachfragen!)

a) Präsentation der Aufgabe durch den Unterrichtenden (meist in Verbindung mit einem Text, ggf. mehrere Aufgaben zur Auswahl),

Verstehensleistung?
(Erst denken, dann schreiben!)

b) Textlektüre im Lichte der Aufgabenstellung, erste Ideen und Gedanken: Text markieren, Notizen machen,

Argumentationsleistung?
Gliederung?
Darstellungsleistung?
(Weniger ist meistens besser!)

c) Strukturierungsphase: Notizen gliedern, durchdenken, ggf. Gliederung anlegen,

d) Niederschrift: Sauber und lesbar schreiben, Absätze nicht vergessen, Textbelege angeben, nachvollziehbaren Bezug zur Aufgabenstellung stets im Auge behalten usw. (*siehe Seite 65*),

Sprachliche Richtigkeit und Angemessenheit? Äußere Form?

e) Schlusskontrolle: Inhalt, sprachliche Richtigkeit und Angemessenheit, Formalia überprüfen, z. B. Spalten nummeriert? Name des Verfassers? usw. (*siehe Seite 65*).

Zeitökonomische Bewältigung der Aufgabe?

Diese Schritte müssen Sie in einer begrenzten Zeit bewältigen, indem Sie sich für die einzelnen Punkte bestimmte Zeitabschnitte nehmen. Schreiben Sie also nicht einfach drauflos, halten Sie sich nicht unnötig lange bei Teilaspekten auf, denn dann könnte Ihnen ausgerechnet am Ende für wichtige Gedankengänge oder die Schlusskontrolle die Zeit fehlen, was sich auf die Gesamtnote sicher negativ auswirkt!

Zeitlich genau strukturierter Arbeitsplan

Entwerfen Sie also einen auf die o. g. Arbeitsphasen bezogenen „Fahrplan“ mit genauen Uhrzeiten und lassen Sie etwas „Luft“ in diesem Plan (ggf. für Pausen oder wenn Sie bei einzelnen Aspekten überziehen).

3. Nachbereitung

Hilfen für die Selbsteinschätzung:
Rückgabe = „Rückmeldung“;
Vergleich mit anderen Klausuren

Missverstehen Sie die Rückgabe Ihrer Klausur nicht als eine Art Bestrafung durch den Lehrer; sehen Sie darin vielmehr die Möglichkeit, Ihre Leistung einzuschätzen (Rückmeldung), sie mit der anderer Kursteilnehmer zu vergleichen (lesen Sie gute Klausuren Ihrer Mitschüler) und aus Ihren Fehlern zu lernen!

Fehleranalyse

In dieser Phase der Nachbereitung sollten Sie eine Fehleranalyse durchführen (*siehe Seite 7*), die Sie dann zur Vorbereitung auf die nächste Klausur noch einmal heranziehen um Ihre individuellen Fehlerschwerpunkte zu vermeiden.

Das Verfassen von Kursarbeiten ist eine Spielart des *adressatengerechten* Schreibens. Sie sollten also, was die Form anbetrifft, den Erwartungen des Adressaten (also des Lehrers) gerecht werden. Lesbar ist z. B. Ihre Schrift dann, wenn Ihr Adressat (!) sie lesen kann!

Adressatengerecht schreiben!

Die folgenden Grundregeln für die Form einer Klausur in der Oberstufe dürften weithin akzeptiert sein; fragen Sie aber sicherheitshalber Ihren Lehrer, ob er abweichende oder zusätzliche Vorstellungen hinsichtlich der Form einer Klausur hat.

Nachfragen!

Grundregeln für die Form einer Klausur in der Oberstufe

1. Verwenden Sie liniertes Papier des Formats DIN A4 (möglichst Doppelbögen), das Sie in Längsrichtung in der Mitte knicken. Schreiben Sie nur auf der äußeren Hälfte (Vorderseite 1 rechts = Spalte 1, Rückseite 1 links = Spalte 2, Vorderseite 2 rechts = Spalte 3, Rückseite 2 links = Spalte 4). Die andere Hälfte der Seite ist für die Korrektur des Lehrers reserviert.

Funktionales Schreibpapier; Schreibseite statt Loch- bzw. Abheftseite; Kommentarrand statt Fehlerrand

2. Schreiben Sie auf die erste Seite der Klausur den „Kopf": z. B. Ihren Namen, Kursarbeit Nr. 1, Datum, Kursart und -nummer, ggf. das gewählte Thema, ggf. die Aufgabenstellung (nachfragen!). Schreiben Sie Ihren Namen auf jeden neuen Bogen.

Identifizierbarkeit der Arbeit für den Korrigierenden

3. Nummerieren Sie jede Seite oben in der Mitte der Schreibspalte mit arabischen Zahlen.

Lesehilfe: sichtbare Reihenfolge

4. Abzugeben ist ein zusammenhängendes Manuskript = ineinander gelegte Doppelbögen oder mit Heftklammern bzw. „Tacker" aneinander geheftete Einzelblätter, ggf. mit dem Aufgabenblatt/Text.

Eine Art Heft, kein bloßer Blätterhaufen

5. Falls Sie mit der Reinschrift zeitlich nicht fertig geworden sind, können Sie die (lesbaren!) Notizen für den nicht fertig gestellten Teil mit abgeben. Schreiben Sie in diesem Falle unter Ihre Klausur: „Fortsetzung siehe beigelegte Notizen". Markieren Sie deutlich, ab wann Sie die Notizen berücksichtigt wissen möchten.

Besser: Aufgabe zeitökonomisch bewältigen!
Lesbare Notizen anfertigen

6. Verwenden Sie blau oder schwarz schreibende, funktionierende (vorher testen!) Schreibgeräte: möglichst Tinte, nie Bleistift!

Funktionale Schreibgeräte (am besten: Füller)

7. Die Schrift muss (für den Adressaten!) lesbar und eindeutig sein; große und kleine Buchstaben müssen eine unterscheidbare Form haben.

Lesbare Schrift statt „Hieroglyphen"

8. Bis zum Rand schreiben, ggf. Wörter trennen.

Wörter trennen statt „mauscheln"

9. Beim Verschreiben sauber (einfach!) durchstreichen, evtl. Tintenkiller!

10. Ergänzungen mit x_1, x_2 usw. auf derselben Seite unten (dafür schon vor dem Schreiben die letzten drei Zeilen mit einem waagerechten Strich abteilen und frei lassen). Wenn der Platz unter der jeweiligen Spalte nicht ausreicht, schreiben Sie zur Not: „x_5 siehe Sp.… unten."

Übersichtlichkeit statt Korrekturbehinderung und Lesechaos

11. Wörtliche Zitate mit An- und Abführungsstrichen kennzeichnen, Textbelege (Zeilen- oder Seitenangaben) in Klammern nach dem Textzitat bzw. am Satzende, erst danach das Satzzeichen!
Bei sinngemäßer Übernahme von Textstellen dies am Ende in Klammern mit (vgl. Seite ...) kennzeichnen, erst danach das Satzzeichen!

Zitate kennzeichen statt „klauen"

12. Absätze und andere Gliederungsmerkmale (z. B. nummerierter Aufgabenbezug) erleichtern die Lesbarkeit Ihrer Klausur und sind Zeichen für eine klare Gedankenführung. Falls Sie gerade am Zeilenende sind, rücken Sie die nächste Zeile sichtbar ein.

Leserfreundliche Anordnung, Visualisierung der Gedankenführung

Die Einhaltung der Regeln 1–4, 6 und 10 können Sie bereits vor der Klausur durch eine entsprechende Vorbereitung ganz oder teilweise gewährleisten.

Vorbereitung = Zeitgewinn während der Klausur

Das Protokoll

Es gibt kaum ein Ereignis von öffentlicher Bedeutung, bei dem nicht ein Protokoll angefertigt wird. Protokolle haben – das unterscheidet sie von anderen Berichten – dokumentarischen Charakter; im Falle einer Beschwerde oder eines Einspruchs (einer Revision bei Gericht) greift man auf sie zurück. Dem Protokollanten wird deshalb eine besondere Sorgfaltspflicht auferlegt.
Das Protokoll hat die Aufgabe, den Verlauf und die Ergebnisse von Veranstaltungen in allen Bereichen festzuhalten. Gerichts-, Bundestags-, Landtags- und Ratssitzungen werden im Allgemeinen in ihrem gesamten Wortverlauf fixiert. In den meisten anderen Fällen – vom Protokoll einer Vorstands-, Gewerkschafts-, einer Ausschuss-, Schulkonferenz- bis hin zur Taubenzüchtervereinssitzung – wird man sich auf die Wiedergabe des Wesentlichen beschränken.
Abgesehen vom wörtlichen Protokoll (vgl. Parlaments- oder Gerichtsprotokoll), das die Teilnehmeräußerungen in direkter Rede festhält, beschränken sich die anderen Protokollformen auf eine – mehr oder weniger – verkürzte neutrale Wiedergabe der Redebeiträge. Unter Verwendung der indirekten Rede (Gebrauch von Konjunktiv I und II) werden die wichtigsten Argumente der Beteiligten dokumentiert.
Protokolle werden entweder im Präsens (die allgemeine Form) oder im Präteritum abgefasst.

Man unterscheidet im Wesentlichen zwei Protokollformen:
1. Das **Verlaufsprotokoll** (auch **Verhandlungsprotokoll**): Es skizziert den Verlauf der betreffenden Veranstaltung (vgl. in der Nachbarspalte das Protokoll einer Bauausschusssitzung); es nennt die Abfolge der Tagesordnungspunkte, den wesentlichen Inhalt der einzelnen Wortbeiträge, Thesen und Argumente zu den einzelnen Punkten – u. U. mit Namensnennung. Das Hin und Her einer Diskussion wird jedoch nicht festgehalten. Zwischenergebnisse und Ergebnisse müssen erwähnt werden.
2. Das **Ergebnis-** (oder **Beschlussprotokoll**): Dies ist die knappere Form eines Protokolls, in dem nur die zur Beratung vorliegenden Punkte und entsprechende Beschlüsse festgehalten werden.

Protokoll[1] über die Sitzung des Bauausschusses der Stadt D. am 17. 02. 1999

Ort: D., Kleiner Sitzungssaal des Rathauses

Anwesend:
der Vorsitzende des Bauausschusses, Herr Dimmer (CDU), sieben stimmberechtigte Mitglieder der Fraktionen im Rathaus, sieben beratende Mitglieder[2] und Herr Baudirektor Wohlfahrt

Tagesordnung:
1. Anerkennung der Tagesordnung
2. Genehmigung des Protokolls über die Sitzung am 16.01.1999
3. Bericht der Verwaltung zum Antrag der Fa. Mannsteufel auf Abriss der Häuser Nr. 5 bis 11 in der Mannsteufelstraße und auf Genehmigung des Baus eines 15-stöckigen Verwaltungsgebäudes an gleicher Stelle. Drucksachen-Nr. 3/052/99
4. Aussprache und Beratung[3]

Beginn: 18.00 Uhr

Zu 1. Der Vorsitzende begrüßt Herrn Baudirektor Wohlfahrt und alle ordentlichen und beratenden Mitglieder des Ausschusses. Die Tagesordnung wird einstimmig anerkannt.

Zu 2. Das Protokoll über die Sitzung vom 16. 01. 1999 wird einstimmig genehmigt.

Zu 3. Herr Baudirektor Wohlfahrt trägt den Antrag der Fa. Mannsteufel auf Abriss der vier Jugendstilhäuser in der Mannsteufelstr. und auf Bau eines 15-stöckigen Verwaltungsgebäudes an gleicher Stelle vor. Er verweist auf die besonderen Verdienste der Fa. Mannsteufel um die Stadt D., die sich ja schon in der Benennung der Straße nach der Fa. bekunde. Er macht darauf aufmerksam, dass die Fa. M. im Falle einer Nichtgenehmigung des Bauprojekts ihre Verwaltung in die Nachbarstadt R. auslagern werde. Die Verwaltung mit ihrem Oberstadtdirektor an der Spitze, in dessen Auftrag er spreche, bedaure zwar außerordentlich den Verlust der unter Denkmalschutz stehenden Jugendstilhäuser, der Verlust würde jedoch ausgeglichen durch den hervorragenden Entwurf des namhaften Architekten Gero Modersohn, sodass ein architektonisch mindestens ebenbürtiges Gebäude von exemplarischer Modernität an gleicher Stelle entstehe. Im Übrigen verweist er darauf, dass Denkmalschutz in NRW keine verbindliche Rechtsnorm darstelle. Im Anschluss daran erläutert er am Baumodell die besonderen Vorzüge des Entwurfs.

Zu 4. Herr Dimmer dankt Herrn Baudirektor Wohlfahrt für seinen anschaulichen Bericht und verweist darauf, dass der Stadt ein Schaden in Millionenhöhe an Gewerbesteuer entstehe, wenn die Fa. Mannsteufel ihre Verwaltung in die Nachbarstadt auslagere.
Herr Lautklein (SPD) beklagt zwar die erpresserische Drohung der Fa. M., ihre Verwaltung verlegen zu wollen, sieht aber im Interesse der Stadt keine Möglichkeit das Projekt zu verweigern. Im Übrigen sei der architektonische Wert der Jugendstilhäuser zweifelhaft.
Frau Fallbein (Bü 90/Grü.) lehnt aus grundsätzlich demokratischen Erwägungen und auch aus ökologischen Bedenken (Veränderung der Thermik durch den Hochbau) den Antrag ab. Stilistisch sei der Entwurf „postmoderne Kacke".
Nach weiterer Aussprache empfiehlt der Bauausschuss (Stimmverhältnis 9 zu 3 bei drei Enthaltungen) dem Rat der Stadt D. dem Bauvorhaben zuzustimmen.

Ende der Sitzung: 19.45 Uhr

Der Protokollführer — Der Vorsitzende

Dicht — Dimmer

1 Statt „Protokoll" häufig auch „Niederschrift"
2 Hier werden meist die einzelnen Personen namentlich und mit Parteizugehörigkeit genannt.
3 Meist auch noch ein nichtöffentlicher Teil

Das Unterrichtsprotokoll

Franz Kafka

Gibs auf!

Es war sehr früh am Morgen, die Straßen rein und leer, ich ging zum Bahnhof. Als ich eine Turmuhr mit meiner Uhr verglich, sah ich, dass es schon viel später war, als ich geglaubt hatte, ich musste mich sehr beeilen, der Schrecken über diese Entdeckung ließ mich im Weg unsicher werden, ich kannte mich in dieser Stadt noch nicht sehr gut aus, glücklicherweise war ein Schutzmann in der Nähe, ich lief zu ihm und fragte ihn atemlos nach dem Weg. Er lächelte und sagte: „Von mir willst du den Weg erfahren?“ – „Ja“, sagte ich, „da ich ihn selbst nicht finden kann.“ – „Gibs auf, gibs auf“, sagte er und wandte sich mit einem großen Schwunge ab, so wie Leute, die mit ihrem Lachen allein sein wollen.

Protokoll der Deutschstunde vom 12. 02. 1999

Thema: Analyse des Textes von Franz Kafka „Gibs auf!“ (1922)

Zu Beginn der Stunde wurde nach einem methodischen Zugang zu dem Text von Franz Kafka gefragt. Folgende Aspekte, die dann arbeitsteilig von verschiedenen kleineren Gruppen erschlossen wurden, kristallisierten sich heraus:
1. Untersuchung der Syntax, des Satzrhythmus und des Stils
2. Aufbau des Textes
3. Motivvergleich mit schon behandelten anderen Texten von Kafka
4. Mögliche Hinweise zur Interpretation auf Grund biografischer Fakten
5. Frage nach der Textgattung

Nach Behandlung dieser Teilaspekte sollte in einem anschließenden Unterrichtsgespräch die mögliche Intention erarbeitet werden.

Zu 1.: Der Einleitungssatz ist parataktisch, es handelt sich um drei ruhige, banale Feststellungen. Mit dem folgenden hypotaktischen Satz, der durch die temporale Konjunktion „als“ eingeleitet wird und somit auf das Moment der Zeit verweist, wird der Satzrhythmus allmählich unruhiger, das Satzgefüge mündet in eine Reihe von fünf aufeinander folgenden kurzen Hauptsätzen, die die „Atemlosigkeit“ des Wegs widerspiegeln. Der folgende ironische Fragesatz des Polizisten bringt keine Auflösung dieser inneren Unruhe des Erzählers. Die entmutigende und desillusionierende Antwort des Polizisten wird verstärkt durch den wiederholten kurzen Imperativ „Gibs auf!“, der die Sinnlosigkeit des Versuchs einen Weg zu finden unterstreicht. Der Stil ist nüchtern, präzis, der Wortschatz alltäglich, es fällt lediglich die für den kurzen Text ungewöhnliche dreifache Wiederholung des Wortes „Weg“ auf, das offenbar durch den Polizisten eine metaphorische Bedeutung erhält.

Zu 2.: Es handelt sich um einen einzigen durchgehenden Ablauf einer Begebenheit (ohne Absätze); der Text enthält jedoch ein durch den immer unruhiger werdenden Satzrhythmus pointiertes Ende in Form der Antwort des Polizisten, die jedoch für Erzähler wie Leser überraschend ausfällt; dieses Moment der Überraschung ist zugleich eines der Verfremdung der Wirklichkeit.

Zu 3.: Das Moment der „Wegsuche“ findet sich auch in Kafkas „Vor dem Gesetz“, „Kleine Fabel“ und „Eine kaiserliche Botschaft“; die Orientierungslosigkeit der Protagonisten und die Vergeblichkeit des Bemühens sind in allen drei Erzählungen gleich. Auch können Türhüter und Kaiser mit dem Polizisten verglichen werden, sie stellen nur schwer definierbare übergeordnete Autoritäten dar.

Zu 4.: Auch Kafka fühlte sich fremd in seiner Heimatstadt Prag – als deutscher Jude in einer überwiegend von Tschechen bewohnten Stadt mit einer (zumindest bis 1918) minoritären christlich-österreichischen Oberschicht.

Zu 5.: Versuch, die Erzählung als Parabel zu interpretieren. Politisch-historische Deutung: Der Polizist ist Repräsentant einer zerbröckelten k. und k. Monarchie, die neue Situation im Vielvölkerstaat ist unübersichtlich und bewirkt Orientierungslosigkeit. Existenzphilosophische Deutung: Der Text spiegelt die ursprüngliche Fremdheit menschlicher Existenz wider, ihre grundsätzliche Orientierungslosigkeit in der Welt wird in plötzlichen, unerwarteten Augenblicken offenbar.

Hausaufgabe: Deutung des letzten Teilsatzes: „...und wandte sich...“

Das Kurzprotokoll

Der Duden nennt noch eine Mischform zwischen beiden (vgl. Duden Bd. 9: „Protokoll“), nämlich das Kurzprotokoll, das neben den Beschlüssen die wichtigsten Phasen des Gesprächsverlaufs erfasst. Im Allgemeinen findet man jedoch nur die Bezeichnungen Verlaufs- und Ergebnisprotokoll.

Der Rahmen ist allen Protokollformen gemeinsam. Zu Beginn des Protokolls müssen folgende Angaben stehen: 1. das Sitzungsdatum, 2. der Sitzungsort, 3. die Tagesordnung, 4. die Sitzungsteilnehmer und 5. die Dauer der Sitzung mit genauer Angabe des Beginns und des Endes. (Die Reihenfolge wird manchmal variieren.) Am Fuße des Protokolls stehen links die Unterschrift des Protokollanten und rechts die des Vorsitzenden.

Der Protokollant hat beim Mitschreiben die Aufgabe, das Wesentliche in Stichworten zu notieren. Das erfordert konzentriertes Mitdenken um Wichtiges von Unwichtigem trennen zu können. Die leitenden Aspekte und Fragestellungen sollten im Protokoll hervorgehoben werden.

Das Unterrichtsprotokoll

Das Unterrichts- oder Stundenprotokoll dient dazu, den Unterrichtsverlauf in seinen wesentlichen Phasen, Thesen und Argumenten und die Unterrichtsergebnisse festzuhalten. Es kann als Erinnerungsstütze (Repetition des Unterrichtsstoffes) vor Klausuren oder Prüfungen eingesetzt werden. Es hat keinen offiziellen dokumentarischen Charakter, und es wäre deshalb auch unsinnig, alle Formalitäten von Sitzungsniederschriften zu übernehmen. Als Angaben reichen deshalb Tagesdatum, Fachbezeichnung und Thema der Stunde vollkommen aus.

Zitieren und Bibliografieren

Korrektes Arbeiten verlangt korrektes Zitieren!

Um Herkunft und Wortlaut des Zitats nachvollziehbar und überprüfbar zu machen muss man eine genaue Zitier- und Nachweistechnik beherrschen.

1. Anfang und Ende eines Zitats müssen durch Anführungszeichen deutlich hervorgehoben sein.
2. Wird ein Zitat nur in Teilen übernommen, müssen die ausgelassenen Textstellen gekennzeichnet werden, und zwar durch [...].
3. Hebt man bestimmte Teile des Zitats hervor, so muss der Eingriff in das Zitat deutlich gemacht werden durch: [Hervorhebung durch den Verfasser]; auch zusätzliche Erläuterungen müssen als Zusatz kenntlich sein, wie z. B.: „Er [Kowalski, d. V.] rief entsetzt...“
4. Jedes Zitat muss wort- und buchstabengetreu vom Original übernommen werden, da nicht auszuschließen ist, dass der Autor mit der besonderen Orthografie oder Interpunktion eine bestimmte Aussage verbindet.
5. Wichtig für die Überprüfbarkeit des verwendeten Zitats ist der korrekte Quellennachweis. Auch sinngemäße Übernahmen müssen gekennzeichnet werden (vgl. hierzu Quellenangabe).

Je nach Art der Quelle gibt es verschiedene Möglichkeiten des Nachweises:

Zitat aus einem Buchtitel
Name, Vorname: Titel, Verlag, Erscheinungsort(e) und -jahr, Seite
Beispiel: Wolf, Christa: Kassandra. Erzählung. Luchterhand Verlag, Darmstadt und Neuwied 1983, S. 144

Zitat aus einem Sammelband mit verschiedenen Autoren und einem Herausgeber
Name, Vorname: Titel. In: Name, Vorname (Hg.): Titel. Verlag, Erscheinungsort und -jahr, Seite
Beispiel: Cramer, Sibylle: Eine unendliche Geschichte des Widerstands. In: Sauer, Klaus (Hg.): Christa Wolf Materialienbuch. Luchterhand Verlag, Darmstadt 1983, S. 135

Zitat aus einer Zeitschrift
Name, Vorname: Titel. In: Name der Zeitschrift, Jahrgang. Jahr, Nr. der Ausgabe, Seite
Beispiel: Bichsel, Peter: Eigenartige Leute – Leser zum Beispiel. In: Der Deutschunterricht, 40. Jg. 1988, H. 4, S. 5–8

Unter einem Referat (von lat. *referre* = Bericht erstatten) versteht man eine schriftliche Arbeit (mit ggf. anschließendem mündlichem Vortrag) über ein begrenztes Thema, über das der/die Vortragende sich fachlich informiert hat und das er/sie nach eigenen Gesichtspunkten strukturiert vorträgt.

Mit Referaten können Sie Ihre Note hinsichtlich der „sonstigen Mitarbeit“ verbessern, an Universitäten sind sie manchmal die alleinige Entscheidungsgrundlage für die Note auf Ihrem Seminarschein.

Üben Sie sich deshalb frühzeitig im Verfassen und Vortragen von Referaten und beachten Sie dabei folgende Phasen:

1. **Planung, Materialsammlung und -bearbeitung**
2. **Niederschrift/Thesenblatt**
3. **Vortrag**

1. Planung, Materialsammlung und -bearbeitung

Klären Sie zunächst einmal präzise das Thema Ihres Referats! Wenn es z. B. „Georg Büchner“ lautet, dann sollten Sie sich beim Lehrer erkundigen, ob nur Büchners Biografie gemeint ist oder ob Sie auch auf den Inhalt von Büchners Werken und deren Wirkungsgeschichte eingehen sollen.

Gehen Sie dann so vor, wie auf S. 56 ff. beschrieben.

Entwerfen Sie, nachdem Sie sich allgemein informiert haben, eine Gliederung für Ihr Referat und ordnen Sie die zusammengetragenen Materialien den einzelnen Gliederungpunkten zu (z. B. Gliederungspunkte auf den fotokopierten Materialien vermerken).

Mögliche Gliederung:

1. Einleitung
Thema präzise nennen und als strittig/interessant/aktuell vorstellen.
Kurz fassen!

2. Hauptteil
Klar gegliederte Informationen zum Thema referieren, Stand der Fachliteratur vorstellen, ggf. kontroverse Standpunkte darstellen.

3. Schluss
Eigene Meinung, möglichst Rückbezug zur Einleitung, weiter reichende Probleme und Perspektiven benennen, die in Ihrem Referat nicht bearbeitet werden konnten.

2. Niederschrift/Thesenblatt

Die Reinschrift (möglichst mit Schreibmaschine oder Computer, in der Schule sind handschriftliche Referate noch möglich) besteht aus folgenden Elementen:

- **Titelblatt** (Schule/Kurs/Verfasser/Thema/Datum)
- **Inhaltsverzeichnis** (mit Seitenzahlen)
- **Einleitung/Hauptteil/Schluss** (Zusammenfassung)
- **Literaturverzeichnis** (alphabetisch)

Als „Extrakt" Ihres Referats sollten Sie für Ihre Mitschüler/innen ein Thesenpapier (möglichst nur eine Seite!) verfassen, das Sie in Kursstärke kopieren und verteilen.

Beschreiben Sie die DIN-A4-Blätter nur einseitig, nummerieren Sie sie durchgehend, beginnen Sie ein neues Kapitel auf einer neuen Seite und lassen Sie ausreichend Korrekturrand (oben und unten mindestens 3 cm, links 2 cm, rechts 3 cm Rand, ca. 50 Anschläge pro Zeile, 35 Zeilen pro Seite, anderthalbzeilig schreiben, Seitenzahlen einheitlich oben oder unten).

Wörtlich (mit Anführungsstrichen) oder sinngemäß (mit „vgl.") übernommene Textstellen müssen Sie auf jeden Fall nachweisen:
- durch Fußnoten auf der jeweiligen Seite unten oder
- durch Fußnoten am Ende des Referats (vor dem Literaturverzeichnis) oder
- im laufenden Text (in Klammern) durch die „amerikanische Zitierweise" (s. Randspalte).

3. Vortrag

Bedenken Sie beim Vortrag Ihres Referats, der vielleicht entscheidend ist für seine Wirkung, folgende Faktoren:

– Einen Text lesen und ihn hören ist ein großer Unterschied: Machen Sie also aus Ihrer Leserfassung eine Hörerfassung (Manuskript kürzen, ggf. nur Stichwörter, Vortragsdauer ca. 15–20 Minuten).

– Geben Sie zunächst einen Überblick über Ihr Referat (was Sie darlegen wollen, wie lange es dauert, sagen Sie auch zwischendurch, in welchem Teil des Referats Sie sich befinden, z. B.: „Ich komme nun zum Hauptteil meiner Ausführungen…", „Zum Schluss möchte ich noch anmerken…").

– Unterstützen Sie Ihren Vortrag durch Medien (Wandtafel, verteiltes Thesenblatt, Overheadprojektor…).

– Berücksichtigen Sie rhetorische Grundsätze (deutlich und artikuliert sprechen, Pausen machen, die Zuhörer/innen ansehen, nicht eintönig sprechen, sondern wichtige Passagen als solche kennzeichnen und lauter sprechen. Lockern Sie Ihren Vortrag auf, z. B. durch Anekdoten oder Probleme, die Sie bei der Lektüre hatten…).
(Vgl. auch S. 57.)

Amerikanische Zitiertechnik

Der Duden empfiehlt in dem kleinen Heft „Die Schriftliche Arbeit" nachdrücklich Quellenbelege nicht in Fußnoten aufzuführen, sondern die „amerikanische" Zitiertechnik zu verwenden:
Quellenbelege können im laufenden Text recht kurz gehalten werden in Verbindung mit einem alphabetisch geordneten Literaturverzeichnis im Anhang der Arbeit.
Aufzuführen ist im laufenden Text nach dem Zitat in Klammern der Nachname des Autors bzw. des Herausgebers der Quelle sowie eine Kurzfassung des Titels, die entfallen kann, wenn im Literaturverzeichnis nur ein Werk des betreffenden Autors aufgeführt ist. In der Regel ist auch die einzelne Seite bzw. bei einer längeren Passage die erste und letzte Seite anzugeben. Bei mehrbändigen Werken setzt man der Seitenangabe die Bandzahl voraus, z. B. (Korff, Geist der Goethezeit 3, 128–133). Oft ist in den Naturwissenschaften, der Medizin, Psychologie und Technik das Erscheinungsjahr wichtiger als der Werktitel. Dann genügt die Jahresangabe statt des Werktitels, z. B. (Geyer, 1935, 21) statt (Geyer, Littlesche Krankheit, 21).

Weitere Information

Poenicke, Klaus: Duden. Die Schriftliche Arbeit. Hg.: Duden-Redaktion, 2. neu bearbeitete Auflage 1989, 32 S. Bibliographisches Institut Mannheim

Der Brief

Achtung!

Briefe sind mehr als Visitenkarten. In Form und Inhalt verraten sie viel über ihren Verfasser!

Groß-/Kleinschreibung der Anredepronomen

Das höfliche Anredepronomen **Sie** und das entsprechende Possessivpronomen **Ihr** (in allen Formen) schreibt man immer groß:

Nennen *Sie* mir bitte *Ihre* Preisvorstellungen.

Das rückbezügliche **sich** wird jedoch immer kleingeschrieben:

Sie werden *sich* erinnern, dass *Sie sich* damals sehr gefreut haben.

Die „vertraulichen" Anredepronomen **du** und **ihr** mit den entsprechenden Possessivpronomen dein und euer schreibt man immer klein:

Liebe Jenny,
ich danke *dir* für *deine* Postkarte. Grüße Walter von mir. Ich hoffe *euch* bald zu sehen.

ÜBUNG 1

Versetzen Sie sich in die Situation eines Koordinators der Oberstufe, der den Briefkasten vor dem Beratungszimmer leert und die dort gefundenen Briefe auf die Schreibtische der Beratungslehrer für die Jahrgangsstufen 11–13 verteilen will und folgenden Zettel findet:

Ich habe gestern drei Stunden gefehlt, weil ich zum Arzt musste. Es tut mir Leid!

M

Notieren Sie in Stichworten, welche Mitteilungen auf diesem „Entschuldigungszettel" fehlen.

ÜBUNG 2

Verbessern Sie, nachdem Sie die Randspalte auf Seite 71 gelesen haben, den folgenden Brief:

Hans Müller 27. Juni 1999

Lieber Schulleiter,

nach den schlechten Leistungen des letzten Halbjahres möchte ich in Zukunft meinen ersten Leistungskurs wechseln.

Müller

.
.
.
.
Olivia Meier   14. Mai 1999
Jg.-Stufe 12
Lindenstr. 259
10001 Berlin
Tel. (030) 1111111
.
.
.
.
.
.
Geschwister-Scholl-Gymnasium
Frau Dr. Schneider
Über: Herrn OStR. Niemand (Beratungslehrer)
Tiergartenstraße 1
.
10002 Berlin
.
.
.
.
Beurlaubung vom 24. bis 28. Juni 1999
.
.
Sehr geehrte Frau Dr. Schneider,
.
ich singe seit drei Jahren in meiner Freizeit im
hiesigen Bach-Chor, der vom 24. bis 28. Juni 1999
an einem Bundeswettbewerb der Jugendchöre in Kiel
teilnimmt (vgl. beigefügte Bescheinigung der
Chorleiterin).
.
Ich bitte Sie mich für die Zeit vom 24. bis 28.
Juni 1999 vom Unterricht zu befreien. Es handelt
sich um einen Zeitraum, in dem ich keine Klausu-
ren zu schreiben habe.
.
Der Beratungslehrer meiner Jahrgangsstufe, den
ich bereits informiert habe, befürwortet diese
Befreiung vom Unterricht.
.
Mit freundlichen Grüßen
.
.Olivia Meier
.
Ich befürworte diesen Antrag:
.
.
.
1 Anlage (Bescheinigung)

Die Form des Standardgeschäftsbriefs

– **Anschrift** oben links (ggf. mit näheren Angaben, z. B. Telefon-, Versicherungs- oder Konto-Nr.)

– **Datum** oben rechts (rechtsbündig)

– **Adressat** (möglichst genau benennen)

– **„Betrifft"/„Betreff"** fällt als Wort heute fast immer weg, aber in Kurzform den Gegenstand des Schreibens benennen

– **Anrede** (adressatengerecht, Titel nicht vergessen, möglichst genau, falls persönlich unbekannt: „*Sehr geehrte Damen und Herren,*" und linksbündig klein weiterschreiben)

– **Sachverhalt** (Daten, Fakten) genau benennen, auch die Probleme des Adressaten bedenken (hier: Beurlaubung für einen Zeitraum, in dem evtl. Klausuren geschrieben werden), möglichst Bescheinigungen beifügen und den Dienstweg beachten (beschleunigt die Entscheidung des Adressaten)

– **Grußformel** (dem Adressaten angemessen)

– **Unterschrift** (handschriftlich)

– ggf. **Anlagen** (Anzahl) und weitere Beteiligte, die dieses Schreiben ebenfalls erhalten sollen

Die Form eines Geschäftsbriefes ist nach DIN 5008 genormt. Nebenstehend finden Sie einen maßstabgerecht verkleinerten Musterbrief, aus dem Sie die Freiräume zwischen den Texten (Anzahl der Leerzeilen im Muster mit Punkten markiert) ersehen können.

ÜBUNG 3

Groß oder klein? Setzen Sie, nachdem Sie die Randspalte auf Seite 70 gelesen haben, die fehlenden Buchstaben für die Anrede- und Possessivpronomen ein.

Sehr geehrte Frau Simon,

__ie werden __ich sicher erinnern, dass __ie mir __hre Zusage für das Projekt gegeben haben.

Liebe Sarah,

__u musst __ir keine Vorwürfe machen, dass __u __ich geirrt hast.

Das Bewerbungsschreiben

Worauf die Personalchefs derzeit achten, wird am folgenden Muster erläutert.

Anlage 3/H. Muster, Bewerbstr. 3, 30467 Leblauf

Anlage 2/H. Muster, Bewerbstr. 3, 30467 Leblauf

Anlage 1/H. Muster, Bewerbstr. 3, 30467 Leblauf

.
.
.
.

Hanna Muster — 13. Januar 1999
Bewerbstr. 3
30467 Leblauf
Tel. (03 47) 44 55 56
.
.

Vollständige Anschrift; Ansprechpartner/Abteilung angeben

Ebopropyl-Werke
Peters & Co. GmbH
Personalabteilung
Frau Schmied
Südweststraße 8-12
.
31023 Ostenfeldt
.
.
.
.
.
.

Betreffzeile

Bewerbung um einen Ausbildungsplatz
als Außenhandelskauffrau
.
.

Sehr geehrte Frau Schmied,
sehr geehrte Damen und Herren,
.

Hinweis, woher die Information über die offene Stelle stammt

auf der diesjährigen „Berufsinformations-und-Stellen-Börse" der Industrie- und Handelskammer in Nordenthal habe ich die Unterlagen über das Ausbildungsprogramm Ihrer Firma erhalten. Ich bewerbe mich um einen der darin angebotenen Ausbildungsplätze als Außenhandelskauffrau.
.

Angaben über die augenblickliche (Schul-)Situation und Abschlüsse

Zur Zeit besuche ich die 13. Klasse des Sophie-und-Hans-Scholl-Gymnasiums in Leblauf und werde im Mai meine Abiturprüfungen ablegen.
.

Begründung, weshalb man sich für diese Stelle geeignet hält/bewirbt

Die Beschreibungen des Produktionsprogramms und der Außenhandelsbeziehungen Ihrer Firma haben mein Interesse geweckt. Durch meine Fächerschwerpunkte (Leistungskurse Französisch und Chemie) habe ich allgemeine Vorkenntnisse gewonnen, die in Richtung der beschriebenen Arbeitsfelder gehen. Meine Englischkenntnisse habe ich durch einen Schüleraustausch erweitern können (September bis Dezember 1998, Barnard Castle College/Durham).
.

Bitte um Vorstellungsgespräch

Ich bitte Sie mich zu einem Vorstellungsgespräch einzuladen.
.

Aufzählung der Anlagen in einem Satz

Mein Lebenslauf und die Kopie des letzten Zwischenzeugnisses sowie des Gastschülerzertifikats des Barnard Castle College liegen dem Schreiben bei.
.

Mit freundlichen Grüßen
.
Hanna Muster
.

Anzahl der Anlagen

3 Anlagen

Faustregel

- übersichtlicher Satzbau
- Wiederholungen in Wortwahl und Satzbau vermeiden
- möglichst keine Konjunktive bzw. nur, wenn unbedingt nötig
- keine Übertreibungen, also nicht: „...verfüge ich über hervorragende Leistungen in"/„gut aussehend"/„perfekt in"/„hoher IQ"
- nicht altmodisch/linkisch: „Auf Ihr geschätztes Inserat vom ... gestatte ich mir zu erwidern ... und möchte mich bewerben..."
- nicht unklar: „hoffe ich im Sommer die Schule endlich verlassen zu können"
- nicht witzig: „erblickte ich anno 1980 das Neonlicht der Entbindungsstation..."

ÜBUNG 1

Formulieren Sie für ein Bewerbungsschreiben die beiden zentralen Abschnitte „Derzeitige Situation/Ausbildungsstand" und „Interesse äußern".
Beziehen Sie sich „fiktiv" auf eine Berufstätigkeit, die Ihren Wünschen und Neigungen entspricht.

Die Bewerbungsmappe

Das Bewerbungsschreiben ist nur ein Teil der Unterlagen, die bei einer Bewerbung eingereicht werden müssen. Neben den Ausbildungsunterlagen – Zeugnissen, Praktika-Belegen, stellenbezogenen Zertifikaten usw. – gehört dazu immer auch ein Lebenslauf (vgl. Seite 74 f.). Legen Sie Ihrer Bewerbung aber nur das bei, was in der Ausschreibung gefordert bzw. was üblicherweise erwartet wird, und stellen Sie alle Unterlagen in Ihrer Bewerbungsmappe zusammen.
In erster Linie kommt es für den Erfolg einer Bewerbung auf fachliche Voraussetzungen und berufliche Eignung an. Doch kann man auch aus der Form Ihrer Bewerbungsunterlagen auf Ihre zu erwartende Arbeitsweise schließen. Deswegen also die sauber geschriebenen bzw. fotokopierten Unterlagen übersichtlich geordnet präsentieren. Ihr Ansprechpartner soll sich schnell und mühelos einen (guten) Eindruck von Ihnen verschaffen können. Außerdem sollten Sie evtl. vorhandene besondere Erwartungen des Empfängers mitbedenken: Für den Posten bei einer Umweltschutzorganisation schreibt man eher auf Recyclingpapier und steckt wohl nichts in Klarsichthüllen aus Plastik.

Tipps für die Gestaltung

– Einzelpapiere in Klemmordnern oder Klarsichthüllen; keine Heftklammern, keine Lochungen
– eventuell Deckblatt, darauf mittig untereinander gesetzt: *Bewerbung/als...*/(Inhaltsverzeichnis)/(Name)/(eventuell hier Foto)
– keine extravaganten Schrifttypen, sondern schreibmaschinentypische Schrift; bei Computer 10 p[1] Schriftgröße
– Anlagen: mit PC Rahmen herstellen (einfache Linie, 1 cm Abstand von den Rändern), links über der oberen Linie in kleiner Schrift (8 p): *Anlage1/H. Muster, Bewerbstr. 3, 30467 Leblauf; Anlage 2/...*, usw.
Texte in den Rahmen hineintippen, Zeugnisse in den Rahmen hineinkopieren
– eventuell Zweitschrift/Kopie (auf Recyclingpapier)
– Umschlag: normal braun; bei miserabler Handschrift Anschrift auf Adressaufkleber tippen; Sonderbriefmarken

ÜBUNG 2

Schreiben Sie einen Brief (ein Geschäftsschreiben), in dem Sie nachfragen, ob die Stelle, für die Sie sich beworben haben, bereits an einen anderen Bewerber vergeben worden ist oder ob eine Entscheidung darüber noch aussteht.

Aufbau und Inhalt

Das Bewerbungsschreiben sollte nicht mehr als eine Seite umfassen. Folgende Einzelpunkte sind darin aufzunehmen, und zwar in der hier genannten Reihenfolge:

Briefkopf: Vorname, Straße, Postleitzahl, Ort, (Telefon); rechts: Datum

Empfängeranschrift: Auf Vollständigkeit achten; falls möglich, (Personal-) Abteilung und Ansprechpartner mitnennen.

Betreffzeile: *Bewerbung als* oder *Ihr Stellenangebot in.../vom.../als...*
Die Bezeichnungen *Betrifft/Bezug* sind längst ungebräuchlich und veraltet.

Anrede: Falls kein Ansprechpartner namentlich genannt ist: *Sehr geehrte Damen und Herren...*

Bewerbung: In einem Satz aussprechen; falls keine Annonce vorlag, Veranlassung nennen: *Frau X* oder *Beim Arbeitsamt in X habe ich erfahren...*

Derzeitige Situation/Ausbildungsstand
Kurz und präzise beschreiben.

Interesse äußern: Kurz begründen, warum man sich für geeignet hält und sich gerade für dieses Unternehmen bewirbt. Dieser Absatz ist der wichtigste.

Vorbildung: Auf spezielle Kenntnisse, Praktika usw. verweisen, die mit der angestrebten Tätigkeit in Beziehung stehen.

Eventuell **Vorstellungsgespräch** erbitten.

Anlagen in einem Satz aufzählen.

Grußformel: *Mit freundlichen Grüßen*

Unterschrift (Füller/Tintenstift; kein Kugelschreiber)

Anlagen (Anzahl in Ziffer)

Der Text sollte ca. 3 cm über dem unteren Papierrand aufhören.

1 *p*: Abkürzung für „Punkt" = im Druckgewerbe Schriftgrößenbezeichnung

Der Lebenslauf

Auch Ihr Lebenslauf sollte, wie alle anderen Bestandteile Ihrer Bewerbungsunterlagen, unbedingt eine äußerlich ansprechende Form haben um zu vermeiden, dass Ihre Unterlagen schon aus rein formalen Gründen im Papierkorb des Adressaten landen.

Achten Sie daher auf
- eine gute Papierqualität
- ein möglichst neues Farbband
- eine optisch gute Gliederung (Seitenränder, Zeilenabstände).

Stecken Sie die einzelnen Seiten möglichst in Klarsichtfolien.

Ihre handschriftliche Unterschrift hat dokumentarischen Charakter; sie muss daher „original“ sein. Kopieren Sie deshalb zunächst Ihren Lebenslauf *ohne* Ihre Unterschrift und *ohne* das Datum mehrfach (für spätere Bewerbungen aufbewahren!) und unterschreiben Sie erst später.

Überlegen Sie adressatengerecht, welche weiteren Informationen für Ihre Bewerbung wichtig sein könnten. Bewerben Sie sich z. B. bei einer kirchlichen Institution, dann sollten Sie Ihre Konfession (ggf. Datum der Taufe) angeben. Nennenswerte sportliche Aktivitäten und Erfolge lassen in der Regel einen positiven Rückschluss auf Ihre körperliche Verfassung und Belastbarkeit zu.

In der Regel (Ausnahme: der Adressat wünscht ausdrücklich einen handgeschriebenen Lebenslauf) ist ein mit der Maschine geschriebener und handschriftlich unterzeichneter **tabellarischer Lebenslauf** vorzulegen, der alle für den Adressaten wichtigen persönlichen und schulischen Daten enthält.
Führen Sie Ihre *berufsbezogenen Aktivitäten* (z. B. Praktika, Ferienjobs) und *besonderen Kenntnisse* (z. B. Fremdsprachen, Schreibmaschinen- und/oder EDV-Kurse, auch ggf. die Führerscheinklasse) auf, nennen Sie Ihren *Berufswunsch* und fügen Sie ein *Passbild* (Befestigung mit Fotoecken) bei, auf dessen Rückseite Sie Ihren Namen schreiben.

Tabellarischer Lebenslauf

Passbild

Lebenslauf

Name:	Christiane Maier
Geburtsdatum:	15. Februar 1980
Geburtsort:	Berlin
Eltern:	Ina Maier geb. Müller, Rechtsanwältin Hans Maier, Einzelhandelskaufmann
Wohnort:	Nullstraße 14, 10001 Berlin Tel. (0 30) 1 02 03 04
Familienstand:	ledig
Schulausbildung:	September 1984 bis Juli 1988 Nelly-Sachs-Grundschule in Berlin seit September 1988 Else-Lasker-Schüler-Gymnasium in Berlin z. Zt. Jahrgangsstufe 13
Voraussichtlicher Schulabschluss:	Sommer 1999: Abitur
Sprachkenntnisse:	Englisch (9 Jahre) und Französisch (4 Jahre)
Weitere bewerbungsrelevante Informationen:	Praktikum im Krankenhaus Tegel (6 Wochen) Führerschein Klasse III EDV-Basiskurs (VHS, ein Semester)
Berufswunsch:	Hebamme

Berlin, 04. Februar 1999

Christiane Maier

Falls ein **handschriftlicher Lebenslauf** ausdrücklich gewünscht wird, informieren Sie sich, ob damit ein handschriftlicher tabellarischer oder ein in zusammenhängenden Sätzen formulierter Lebenslauf gemeint ist.
Wird ein handschriftlicher tabellarischer Lebenslauf gewünscht, verfahren Sie einfach nach dem obigen Muster, das Sie dann eben handschriftlich vorlegen.
Im Folgenden finden Sie ein Muster für einen in zusammenhängenden Sätzen formulierten Lebenslauf.

Handschriftlicher Lebenslauf

Lebenslauf

Am 15. Februar 1980 wurde ich, Christiane Maier, in Berlin geboren als Tochter der Rechtsanwältin Ina Maier geb. Müller und des Einzelhandelskaufmannes Hans Maier.
Nach dem Besuch der Nelly-Sachs-Grundschule in Berlin vom September 1986 bis zum Juli 1990 wechselte ich auf das Else-Lasker-Schüler-Gymnasium in Berlin, das ich seit September 1990 ununterbrochen besuche. Zur Zeit bin ich in der Jahrgangsstufe 13 und werde im Sommer 1999 die Abiturprüfung machen.
Ich verfüge über gute englische und zufriedenstellende französische Sprachkenntnisse, die ich in neun bzw. vier Schuljahren erworben habe.
Im Verlaufe eines sechswöchigen Praktikums auf der Frauenstation des Krankenhauses Berlin-Tegel in den letzten Sommerferien entwickelte sich bei mir der Wunsch Hebamme zu werden.
Ich besitze den Führerschein Klasse drei und habe auf der hiesigen Volkshochschule einen einsemestrigen EDV-Basiskurs (zwei Wochenstunden) erfolgreich absolviert.

Berlin, den 4. Februar 1999

Christiane Maier

Verlangt Ihr Adressat ausdrücklich einen handgeschriebenen Lebenslauf, dann gehört er zu denjenigen, die sich (grafologische) Rückschlüsse von der Handschrift auf die Persönlichkeit eines Menschen versprechen.
Dazu ist vorab anzumerken, dass die Methodik und Verlässlichkeit solcher Rückschlüsse, wie sie von Amateur- und Profi-Grafologen versucht werden, wissenschaftlich umstritten sind. Im Folgenden können also nur einige Hinweise allgemeinerer Art gegeben werden.

– Bemühen Sie sich um eine *saubere* (keine Streichungen, kein Tipp-Ex) und *gut lesbare* Handschrift. Stehen Sie zu Ihrer Handschrift, die ja ein Ausdruck Ihrer Individualität ist (also keine Druckschrift verwenden).

– Verwenden Sie *funktionales Schreibwerkzeug*, möglichst einen „eingeschriebenen" Füller mit blauer Tinte (keinen schmierenden oder unregelmäßig schreibenden Kugelschreiber).

– Verwenden Sie *weißes, unliniertes Papier*, unter das Sie ggf. ein durchschimmerndes Linienblatt legen um eine waagerechte Zeilenführung zu gewährleisten.

– Lassen Sie *ausreichende Seitenränder*, machen Sie Absätze und vermeiden Sie sprachliche Fehler.

– Reichen Sie stets ein *handschriftliches Original* ein (machen Sie aber für Ihre Unterlagen eine Kopie).

Unsere heute geltende Rechtschreibung geht im Wesentlichen zurück auf die Orthografiekonferenz im Jahre 1901 in Berlin. Seit den 70er-Jahren gibt es Bestrebungen, das komplizierte Regelwerk der Rechtschreibung zu vereinfachen. Im November 1994 ist es nun auf der 3. Wiener Orthografiekonferenz zu gemeinsamen Beschlüssen zwischen Deutschland, Österreich und der Schweiz gekommen, d. h. zwischen den dort anwesenden Fachvertreterinnen und -vertretern. Die Beschlüsse sind in der Zwischenzeit vom Bundesinnenminister und den Ministerpräsidenten und Kultusministern der Länder mit geringfügigen Abweichungen, die sich vor allem auf die Rechtschreibung von Fremdwörtern beziehen, genehmigt worden. Ab August 1998 wird die neue Rechtschreibung in den Schulen gelehrt. Die alte Schreibung soll bis zum Jahr 2005 als überholt, nicht aber als falsch gelten. Dieses Nebeneinander von alter und neuer Orthografie kann natürlich Unsicherheiten hervorrufen, wird aber – im besten Fall – auch zu einer größeren Toleranz in der schreibenden Öffentlichkeit gegenüber Regelverstößen in der Orthografie führen. Das erhoffen jedenfalls die Teilnehmerinnen und Teilnehmer der Wiener Orthografiekonferenz.

Bei der Neuregelung handelt es sich – auch nach Einschätzung der Teilnehmer an der Orthografiekonferenz – nicht um eine „Reform an Haupt und Gliedern", sondern um eine „kleine Reform der Vernunft".

Die wichtigsten Neuerungen sollen nun (ab Punkt 2 in der Reihenfolge, wie die einzelnen Phänomene in diesem Trainingsprogramm behandelt worden sind) im Folgenden aufgelistet werden:

1. Das Komma bei Infinitiv- und Partizipialgruppen
2. Das Komma vor *und/oder*
3. ss-ß-Schreibung
4. Silbentrennung
5. Groß- und Kleinschreibung
6. Zusammen- und Getrenntschreibung
7. Fremdwörter
8. Einzelfälle

Gleiches gilt auch für die Verbindungen gn und kn bei Fremdwörtern, z. B. Magnet (Ma-gnet), pyk-nisch (py-knisch).

Die Buchstabengruppe ck wird nicht mehr in k-k aufgelöst (vgl. Regel 1c, S. 32).
Zu-cker, tro-cken

Ä 1 Das Komma bei Infinitiv- und Partizipialgruppen

1. (a) Der erweiterte Infinitiv (Infinitivgruppe) und (b) das erweiterte Partizip (Partizipialgruppe) müssen nicht mehr durch ein Komma abgetrennt werden.

Also: a) Er fuhr durch die Stadt (,) um einzukaufen.
b) Dann sank sie (,) zu Tode getroffen (,) zu Boden.

Es ist zweckmäßig ein Komma zu setzen, wenn dadurch die Gliederung des Satzes verdeutlicht oder ein Missverständnis ausgeschlossen werden kann:

Also: Ich rate(,) ihm(,) schnell zu helfen.

2. Ein Komma muss gesetzt werden, wenn die Infinitiv- oder Partizipialgruppe durch ein Wort, eine Wortgruppe (a) angekündigt oder (b) wieder aufgenommen wird oder aber, wenn sie (c) aus der üblichen Satzkonstruktion herausfällt.

a) Darüber, bald ein Resultat zu finden, wurde nachgedacht.
b) Zu diesem Resultat zu finden, das wäre schon angebracht.
c) Sie, um bald zu einem Resultat zu kommen, verfolgten zielstrebig diesen Weg.

Ä 2 Das Komma vor „und/oder"

1. Grundsätzlich muss vor *und/oder* kein Komma mehr stehen, auch wenn diese Konjunktionen zwei Hauptsätze miteinander verbinden.

Also: Jedes legt noch schnell ein Ei(,) und dann kommt der Tod herbei.

Man kann aber das Komma setzen, wenn man glaubt, auf diese Weise eine klarere Gliederung der zwei Teilsätze zu erzielen.

Also: Ihr seid des Teufels(,) oder aber wir haben uns geirrt.

2. Ist ein untergeordneter Satz in einen übergeordneten eingeschoben, steht weiterhin vor *und/oder* ein Komma.

Also: Ich war ganz in Gedanken (= erster Teil des übergeordneten Hauptsatzes), als der Unfall geschah (= eingeschobener Nebensatz), und nahm deshalb kaum etwas wahr (= zweiter Teil des übergeordneten Hauptsatzes).

Auch Nachträge mit *und zwar, und das* werden durch Komma vom Satz abgetrennt.

Also: Du sollst arbeiten, und zwar sofort!

Ä 3 ss-ß-Schreibung

Das ß steht nur noch nach langem Vokal und nach Diphthong (Doppellaut). Kürze oder Länge des Vokals sind wichtiger als die Stammangleichung.

Also: das Maß – außen – er gießt
Aber: der Fluss (Flüsse) – es passt (passen) – wässrig (wässerig/Wasser)

Innerhalb der Flexion einiger Verben kommt es zu unterschiedlicher Schreibung.

Also: beißen, aber: er biss; lassen, er lässt, aber: er ließ

Ä 4 Silbentrennung

Grundsätzlich werden zwar nach wie vor zusammengesetzte Wörter nach ihren Bestandteilen (Sprachsilben) getrennt, können aber in Zukunft, wenn die Zusammensetzung nicht mehr erkannt wird, auch nach Sprechsilben getrennt werden, sodass es zwei zulässige Formen der Trennung nebeneinander gibt.

Also: wa-rum (war-um), hi-nauf (hin-auf), ei-nan-der (ein-an-der), Pä-da-go-gik (Päd-ago-gik), Chi-rurg (Chir-urg), Nos-tal-gie (Nost-al-gie)

Nach der bestehenden Regel, dass bei einer Konsonantenverbindung der letzte Konsonant auf die nächste Zeile kommt, wird st getrennt.

Also: meis-tens, Kis-ten, flüs-tern, Fens-ter usw.

Ä 5 Groß- und Kleinschreibung

1. Substantive und Substantivierungen werden nach wie vor großgeschrieben.

Also: das Kind, die Katze, der Schrank, die Ernte, das Leben, die Zeit

a) Tageszeiten nach den Adverbien (vor-)gestern, heute, (über-)morgen, werden großgeschrieben.

Also: heute Morgen, (statt: heute morgen), gestern Abend (statt: gestern abend)

b) Bei festen Verbindungen von Substantiven mit anderen Wortarten werden vor allem bei Getrenntschreibung die Substantive großgeschrieben.

Also: im/mit Bezug auf, Auto fahren, Rad fahren, Kopf stehen, außer Acht lassen, Angst haben/machen, Recht sprechen/haben, Leid tun, Maß halten

c) Nur noch die substantivisch verwendeten Wörter *viel, wenig, ein* und *ander* werden (mit allen Flexionsformen) kleingeschrieben.

Also: Das haben schon viele erlebt. Das haben nur wenige gesehen. Die einen kommen, die anderen gehen. Unter anderem wähle ich das. Die meisten (oder: die wenigsten) wissen das nicht.

Aber: Ich habe das Andere = das Fremde gemeint.

Groß schreibt man auch: das Gleiche, Verschiedenes, alles Mögliche, Folgendes.

d) Substantivisch gebrauchte Ordnungszahlen schreibt man immer groß.

Also: Er kam als Erster, Zweiter, Letzter ins Ziel.

e) Substantivierte Adjektive (mit Artikel) werden großgeschrieben, auch wenn sie adverbiale Bedeutung haben.

Also: zum Besten geben, zum Guten wenden, auf dem Trockenen sitzen, im Dunkeln tappen, im Wesentlichen, im Allgemeinen, des Langen und Breiten, wir haben die Sache des Näheren erläutert

f) Farb- und Sprachbezeichnungen mit Präpositionen werden großgeschrieben.

Also: Die Ampel schaltet auf Rot. Ich wünsche das Teil in Blau. Er verständigte sich auf Englisch.

g) Die Paarformeln Jung und Alt, Arm und Reich, Hoch und Niedrig, Gleich und Gleich schreibt man groß.

2. Nur noch die höfliche Anrede in der 3. Pers. Plural schreibt man in Briefen etc. groß, nicht aber die Anrede in der 2. Pers. Singular.

Also: Sehr geehrter Herr Schmitz, wie *Sie* sicherlich erfahren haben, ist *Ihr* Paket zwischenzeitlich angekommen(,) und wir danken *Ihnen* und *Ihrer* Frau.

Aber: Liebe Gabi, wie *du* sicherlich erfahren hast, ist *dein* Paket angekommen, wir danken *dir* und *deinem* Mann.

3. Grundsätzlich werden Eigennamen, auch mehrteilige, großgeschrieben, ebenfalls Titel, Arten oder Rassen, besondere Kalendertage und historische Ereignisse.

Also: der Schiefe Turm von Pisa, der Nahe Osten, Erster Bürgermeister, Roter Milan, Heiliger Abend, die Französische Revolution (von 1789)

Aber: So genannte *feste Begriffe* aus Adjektiv und Substantiv werden kleingeschreiben, z. B. die schwarze (urspr. Schwarze) Magie, die erste (Erste) Hilfe

4. Bei von Eigen- und Personennamen abgeleiteten Adjektiven auf -isch oder -sch muss nicht mehr unterschieden werden zwischen persönlicher Herkunft (das Ohmsche Gesetz) und sekundärer Benennung (der ohmsche Widerstand); diese Adjektive werden grundsätzlich kleingeschrieben.

Also: heinesche Reisebilder, viktorianisches Zeitalter

Aber: Wird die Grundform eines Namens durch Apostroph verdeutlicht, schreibt man groß: die Darwin'sche Lehre

Eine der großen Schwierigkeiten ergab sich aus der Tatsache, dass die Grenzen zwischen den Wortarten fließend sind: Substantive können in andere Wortarten übergehen (abends = Adverb, in „dank deiner Hilfe" ist dank = Präposition); umgekehrt können andere Wortarten Substantive werden (das Schöne = substantiviertes Adjektiv; das Heute = substantiviertes Adverb).

Die alte Schreibweise führte zu großen Unsicherheiten, weil es weder eine klare Richtlinie für die Groß- und Klein- noch für die Zusammen- und Getrenntschreibung gab (vgl. Auto fahren, aber radfahren).
In einigen Fällen sind Schreibvarianten erlaubt: zu Lasten/zulasten, zu Gunsten/zugunsten, in Frage stellen/infrage stellen.

Es muss nicht mehr zwischen Reihenfolge (die erste) und Rangfolge (die Erste) unterschieden werden.

Klein schreibt man weiterhin
a) feste Verbindungen von Präpositionen mit nicht dekliniertem und dekliniertem Adjektiv ohne vorangehenden Artikel: von fern, gegen bar, über kurz oder lang, bis auf weiteres, von nahem, seit längerem
b) Superlative mit am: Er brüllt am lautesten; sie springt am weitesten.
Aber: Er gab einen Witz zum Besten. Wir sind aufs Beste vorbereitet.

Wirkliche Eigennamen werden weiterhin großgeschrieben: z. B. die Schweizerischen Bundesbahnen

Ableitungen von geografischen Namen auf -er schreibt man wie bisher groß: die Leipziger Messe, der Kölner Karneval

Ä 6 Zusammen- und Getrenntschreibung

Die Getrenntschreibung gilt als der Normalfall, Zusammenschreibung muss ausdrücklich geregelt werden.
In den meisten Fällen wird getrennt:
Fuß fassen, Schlange stehen, Maschine schreiben, Klavier spielen, Auto fahren, Ski laufen, Gefahr laufen, Kopf stehen (bisher: kopfstehen), Rad fahren (radfahren), Maß halten (maßhalten), Not tun (nottun), Eis laufen (eislaufen), gefangen nehmen (= Partizip + Verb), kennen lernen (Verbinfinitiv + Verb) u. a.

Man kann nicht sagen: in die Blöße stellen oder bloßer stellen, so wird nahe stehen getrennt geschrieben, weil man auch näher oder nahe stehen kann, fernsehen hingegen zusammen, weil man nicht ferner sehen kann. Aus dem gleichen Grund schreibt man deshalb auch (anders als früher) die Wortverbindung groß-, klein, (d. h. mit großem oder kleinem Anfangsbuchstaben) und krankschreiben zusammen.

Ableitungen von geographischen Eigennamen auf -er schreibt man auseinander: z. B. Thüringer Wald

Bei einigen Fügungen ist eine Doppelschreibung möglich:
außerstand setzen/außer Stand setzen, infrage stellen/in Frage stellen, zugrunde gehen/zu Grunde gehen, zuleide tun/zu Leide tun, zumute sein/zu Mute sein, zustande bringen/zu Stande bringen

Sodass (so dass) kann man getrennt und zusammenschreiben.

Bei folgenden Fügungen in präpositionaler Verwendung ist eine doppelte Schreibweise möglich:
zuzeiten/zu Zeiten, anstelle/an Stelle, aufgrund/auf Grund, aufseiten/auf Seiten, mithilfe/mit Hilfe, zugunsten/zu Gunsten, zulasten/ zu Lasten

I. Zusammen schreibt man beim Verb

a) Wortverbindungen, deren Reihenfolge sich auch bei der Flexion nie ändert:
z. B. frohlocken (= Adjektiv + Verb) vgl. ich frohlocke, ich habe frohlockt, brandmarken (= Substantiv + Verb), widersprechen (= Partikel + Verb)

b) Wortverbindungen, bei denen die Bedeutung des Substantivs verblasst ist:
heimfahren, heimsuchen (und andere Verbindungen mit heim-), irreführen, -leiten, -werden; preisgeben, standhalten, stattfinden, -geben, -haben; teilhaben oder -nehmen, wettmachen, wundernehmen

c) die meisten Verbindungen aus einfachen Partikeln wie an-, ab-, auf-, aus-, bis hin zu zu-, zusammen-, zuvor-, zwischen- + Verb:
z. B. annehmen, abgeben, aufführen, zugeben

Aber: Eine Reihe von Wortverbindungen aus Adverb + Verb wird getrennt geschrieben:
abhanden kommen, anheim fallen, auseinander gehen, beisammen bleiben

d) Zusammen schreibt man Wortverbindungen aus Adjektiv + Verb, deren erster Bestandteil sich weder erweitern noch steigern lässt.

Also: bloßstellen, hochrechnen, wahrsagen

II. Die Zusammensetzungen aus Substantiv, Adverb, Pronomen oder Verbstamm + Adjektiv oder Partizip schreibt man zusammen.

angsterfüllt, bahnbrechend, (Substantiv + Partizip); butterweich (Substantiv + Adjektiv); selbstsicher (Pronomen + Adjektiv); blaugrau, nasskalt (Adjektiv + Adjektiv)

III. Die Zusammensetzungen aus Substantiv, Verbstamm, Pronomen oder Partikel + Substantiv schreibt man zusammen:
Apfelbaum, Wochenende, (Substantiv + Substantiv); Nichtraucher (Partikel + Substantiv); Bleichgesicht (Adjektiv + Substantiv); Ichsucht (Pronomen + Substantiv); Schwimmbad (Verbstamm + Substantiv)

IV. Mehrteilige Adverbien, Konjunktionen, Präpositionen und Pronomen werden zusammengeschrieben, wenn die Wortart oder Einzelbedeutung eines Bestandteils nicht mehr klar erkennbar ist.

a) Adverbien: landaus, allerdings, allenfalls, diesmal, erstmals, dermaßen, allseits, ebenso, deinetwegen, beizeiten, irgendwann, nichtsdestoweniger, zuallererst

Aber in jedem Fall getrennt: gar kein, gar nichts, gar sehr, gar wohl,
zu Ende, zu Fuß, zu Hause, zu Hilfe (kommen), zu Lande und zu Wasser

b) Konjunktionen: sobald, solange, sooft, soviel, soweit

Aber: ohne dass, statt dass, außer dass

c) Präpositionen: anhand, anstatt, infolge

d) Pronomen: irgendein, irgendwer, irgendwas, irgendwelcher, und (anders als vorher) irgendetwas und irgendjemand

V. Auch in Zukunft gibt es die Möglichkeit der Schreibung mit Bindestrich. Obligatorisch ist der Bindestrich

a) bei der Zusammensetzung recht unterschiedlicher Bestandteile: O-Beine, x-beliebig, UKW-Sender,

b) bei der Zusammensetzung mit einer Ziffer: 27-Tonner, 99-prozentig, 37-jährig.

Aber: Suffixe werden ohne Bindestrich angeschlossen: 20er Jahre, 68er Generation

Ä 7 Fremdwörter

a) Einige häufig gebrauchte Fremdwörter mit der Verbindung gh, ph, th, rh können mit g, f, t, r geschrieben werden.

Also: Delfin, Bibliografie, Geografie, Megafon, Tunfisch, Panter, Getto, Katarr (Katarrh), Myrre (Myrrhe), Hämorriden (Hämorrhoiden) und Jogurt

b) Wörter aus dem Französischen auf é, ée können mit ee geschrieben werden.

Also: Exposee (Exposé), Kommunikee (Kommuniqué), Varitee (Varietée), Schikoree (Chicorée), und Buklee (Bouclé) wie vorher schon Allee, Armee,

c) Der Plural der englischen Wörter auf -y wird nur noch mit s geschrieben.

Also: Babys, Hobbys, Gullys

d) Bei verwandten Wörtern mit z-Schreibung kann die Endung -tial, -tiell mit z geschrieben werden.

Also: Potenzial, potenziell (wegen Potenz), substanziell (wegen Substanz)

Es geht bei der Veränderung der Schreibweise von Fremdwörtern im Wesentlichen um eine Angleichung an die deutsche Laut-Buchstaben-Beziehung. Schon lange kann man neben Photographie, Mikrophon und Graphiker auch Fotografie, Mikrofon, und Grafiker schreiben.

In alter Schreibung bleiben: Alphabet, Asphalt, Katastrophe, Rheuma, Philosophie, Theater, Rhetorik, Theorie, Metapher, Phänomen, Sphäre, Rhythmus, u. a., auch die Ehrfurcht vor dem Wort Thron ist erhalten geblieben.

Statt Portemonnaie ist auch Portmonee möglich.

Ä 8 Einzelfälle

a) Wenn in Zusammensetzungen drei gleiche Buchstaben zusammentreffen, bleiben immer drei erhalten.

Also: Schifffahrt, Schritttempo, wettturnen, Flussstrecke (vorher: Flußstrecke), Seeelefant (auch: z. B. See-Elefant)

b) Nach dem Stammprinzip tritt eine Verdoppelung nach kurzem Vokal ein bei:
Ass (die Asse), Karamell (Karamelle), Messner (Messe), nummerieren (Nummer), Tipp (tippen)

c) Nach dem gleichen Stammprinzip (Anlehnung an andere Wörter derselben Familie) kommt es zu folgenden Veränderungen in der Umlautschreibung:
behände (statt: behende, nach Hand), belämmern (nach: Lamm), Quäntchen (nach: Quantum), schnäuzen (nach: Schnauze), Stängel (nach: Stange), Gämse (nach: Gams), überschwänglich (nach: Überschwang), verbläuen (nach: blau)

d) Einzelfälle nach dem Veränderungsprinzip in Analogie zu anderen Wörtern:
rau (wie blau, deshalb auch: Rauheit statt Rauhheit); Känguru (wie: Kakadu und Gnu); Föhn (sowohl warmer Fallwind als auch Heißlufttrockner = bisher Fön)

e) Weitere Einzelfälle:
Zierrat (statt: Zierat), selbstständig (auch: selbständig), Albtraum (auch: Alptraum)

Mit Doppelkonsonant bleiben Mittag und dennoch erhalten.

Verändert auch: Stuckatur, Stuckateur (Stuck) und platzieren (Platz).

Hingegen bleibt die Schreibung Paket (statt Packet von packen) erhalten.

ÜBUNG 1

Die folgende Übung entspricht den bis 1998 geltenden Rechtschreib- und Zeichensetzungsregeln. Was muss oder kann nach der Reform anders geschrieben werden?

Im großen und ganzen ist die Rechtschreibreform gewiß nicht der große Wurf, auf den einige gehofft haben; aber verdammen muß man sie auch nicht. Es ist schon einiges leichter geworden, aber nicht alles. Was da in einem sehr langen Arbeitsprozeß herausgekommen ist, darf nicht als Mißgeburt bezeichnet werden; in bezug auf das Ergebnis ließe sich eher sagen: Der Berg kreißte und gebar ein Mäuschen, und dieses sprachliche Retortenmäuschen hat weitreichende Folgen mit sich gebracht. Die Regelung der Rechtschreibung ist nun in staatliche Kompetenz überführt worden, so daß eine Länderkommission bis ins kleinste regeln darf, was regulär und was regelwidrig ist. So läßt sich feststellen, daß der Duden seine Monopolstellung verloren hat; er hat nicht nur amtliche, sondern des weiteren auch private Konkurrenz bekommen. Aber es muß einem nicht angst werden, vor 1901 gab es keine für das gesamte Deutschland amtliche Regelung, ohne daß daraus ein Babylonischer Turm mit einem babylonischen Sprachengewirr geworden ist. Damals gab es auch noch keine Ständige Konferenz der Kultusminister der Länder, und es gab noch kein Internet. Bei der heutigen durchgängigen Vernetzung von allem mit allem werden die z. Z. noch bestehenden Unstimmigkeiten in der Darstellung der neuen Rechtschreibung zwischen den verschiedenen Privatverlagen potentiell bald aufgehoben sein.

Sachregister